오르는 땅은 이미 정해져 있다

오르는 땅은 이미 정해져 있다

토지 투자의 초특급 핵심 비밀

▶ 오픈마인드 김양구 지음

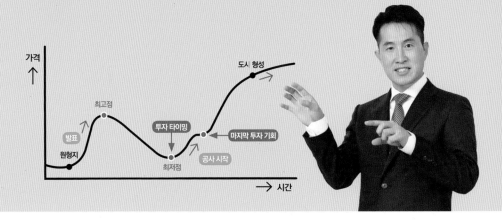

매일경제신문사

당신은 지금,
가슴 뛰는 일을 하고 있습니까?

당신이 현재 하고 있는 일은 가슴이 벅차오르는 일입니까? 그 생각을 하면 잠도 오지 않고, 새로운 아이디어가 샘솟고, 그 생각은 점차 발전되어 사업구상으로 이어지고 있습니까? 또한, 더 구체적인 계획들이 세워지고, 협력할 사람들을 찾아내고, 새로운 에너지가 솟아나 밤새워 일해도 지치지 않고, 때로는 고난과 어려움이 찾아와도 당신의 꿈과 목표를 짓누를 수 없다면, 그리고 당연히 극복하고 이겨낼 수 있다는 자신감이 충만하다면 당신은 지금, 열정적인 상태입니다.

열정은 언제든지 생길 수 있는 것이 아닙니다. 열정과 에너지는 몸과 마음이 건강한 상태가 아니면 나오기 힘든 것입니다. 몸이 아프거나 정신이 힘들면 아무것도 하기 싫고, 모든 것이 귀찮습니다. 이런 상태에서는 열정이 생기기 힘듭니다. 무엇에 도전하더라도 건강한 몸과 정신이 유지되어야 열정이 나를 찾아올 수 있습니다.

저는 스물아홉 살에 보험 세일즈를 하면서 첫 열정을 경험했습니다. 당시 학습지 교사로 근무하면서 평범한 직장인으로 살던 저는 아무런 희망도, 꿈도 꿀 수 없는 직장이라는 울타리 속에 갇혀 살았습니다. 그러다 우연히 가까운 지인의 사무실에 놀러 갔다가 당시 제 연봉의 10배를 보험회사에서는 받는다는 것을 확인했습니다. 자극을 받은 저는 '나도 그렇게 되고 말겠다!'라는 꿈과 목표를 세우고 열정적으로 행동했습니다. 그때의 용광로 같은 열정은 아무도 막을 수 없었고, 그 열정은 주위를 뜨겁게 만들었으며, 보는 사람마저 열정 속으로 빠지게 했습니다. 한 번도 해보지 않았던 보험 세일즈였지만, 열정에 휩싸여 불가능을 가능으로 만들었고, 모두가 안 된다고 말할 때 저는 행동으로 결과를 증명해냈습니다. 결국 1년 만에 지인처럼 저도 억대 연봉자가 되었습니다. 이 모든 것이 바로 강한 정신과 열정이 있었기에 가능했습니다.

20대 후반에 첫 열정이 생겼다면, 두 번째 열정은 40대 중반에 토지 투자에 대해 알게 되었을 때 경험했습니다. 지극히 평범한 이웃이 부동산을 통해 50억 원 이상의 자산을 만드는 것을 보고 식었던 가슴이 뜨거워지고, 희미했던 목표는 명확해졌으며, 주체할 수 없는 용기와 거침없는 행동들이 제 앞에 놓여 있는 모든 도전들을 허물어뜨려버렸습니다. 피가 거꾸로 솟는 듯한 자극이 제 삶에 필요했던 것 같습니다.

'똑같이 24시간을 보내고 똑같이 세끼 식사를 하고 똑같은 법 규정 속에서 살아가는데, 왜 저 사람은 100억 원대 자산가로 살고 나는 한 달 벌어 한 달 살아가는 사람으로 살까?' 하는 속상함이 잠자고 있는 저를 깨웠습니다. '태어날 때부터 부자로 태어나 상속을 받은 것도 아니고, 국가에서 특혜를 준 것도 아닌데 저 사람은 100억 원대 자산가로 살아가고, 나는 직장이라는 올무 속에 묶여 살아가는가?' 하는 의문의 해답을 찾았을 때 열정은 시작되었고, 제 안에 잠자고 있는 거인을 깨울 수 있었습니다. 부동산 투자를 통해 절대 꿈조차 꿀 수 없었던 꿈이 현실화되어가는 상황을 경험하며 말로 형용할 수 없는 도전들이 저를 열정적으로 만들었고, 불굴의 도전이 저를 100억 원대 자산가로 만들었습니다.

'나는 간절하다고 말할 수 있을 정도로 간절한가?' 진실로 간절한 사람은 그냥 저절로 눈에 보입니다. 간절한 마음은 숨길 수 없기 때문입니다. 또한, 진실로 간절한 사람은 가만히 앉아 간절하다고 생각만 하고 있지 않습니다. 간절한데 어떻게 가만히 앉아 있을까요? 알에서 막 깨어난 새는 시끄럽습니다. 스스로 배고픔을 해결할 수 없기 때문입니다. 시끄럽게 울지 않으면 먹이를 주지 않기 때문에 목숨을 걸고 열정적으로 웁니다. 그러면 어미 새는 새끼에게 먹이를 줍니다.

여러분의 가슴은 지금 싸늘하게 식어 있는지요? 식어 있는 가슴을 뜨겁게 만드는 매개체가 필요하지 않으신가요? 여러분의 가슴을 끓게 만드는 매개체가 필요합니다. 여러분이 잘 알고 있는 부자가 있다면 찾아가보세요. 사실 뭔가 특별함이 있습니다. 사기 치고, 도둑질해서 성공한 것이 아니라면 그 사람만의 아주 특별한 무엇인가가 있습니다. 그것이 여러분의 숨어 있는 잠재력과 열정을 끄집어내는 자극제가 되어 열정의 화신이 될 수 있기를 바랍니다.

이 스토리는 꾸며낸 것이 아닙니다. 평범하게 살아가는 여러분과 똑같은 대한민국의 한 직장인이 부자들의 어떤 충격적인 패턴을 보고 열정에 휩싸이면서 행동으로 옮겨 마법 같은 일을 만들어

낸 실제 이야기입니다. 이 이야기가 여러분의 이야기가 될 수 있기를 간절히 소망합니다.

책 출간을 통해 누군가에게 꿈과 희망이 되고, 주신 달란트로 인해 사람들에게 베풀 수 있도록 인도하신 하나님께 감사드립니다. 이루지 못하는 것을 이룰 수 있게, 보이지 않는 것을 보이게, 꿈꾸지 못하는 것을 꿈꾸게 만드는 그런 희망을 주는 사람으로 살고 싶습니다.

지금 사는 것이 정말 힘드신가요? 아무런 꿈도, 희망도 가질 수 없는 환경 속에 처해 있으신가요? 한 가지 부탁드립니다. 절대, 절대! 포기하지 마세요. 당신에게도 분명히 기회는 옵니다. 다만 그 기회를 잡을 수 있는 환경이 주어지지 않았을 뿐입니다. 그런 환경이 주어지고, 당신이 움직일 때 기회는 수시로 찾아오고, 그 기회는 당신의 선택에 달려 있을 것입니다.

이 책을 만났다면 이미 그 기회는 주어졌습니다. 이제, 당신이 움직일 차례입니다. 당신이 움직일 때 저는 돕고 싶습니다. 이 도움이 당신 인생에서 아주 중요한 기회라면 절대적으로 돕고 싶습니다. 세상은 그래도 아직 살 만합니다.

자, 무엇을 도와드릴까요?

노동 수입으로는
절대로 부자가 될 수 없다

노동을 돈으로 바꾸던 시절

20대에 사회에 처음 발을 디뎠을 때 참 열심히 살았습니다. 새벽 4시 30분에 일어나서 우유배달을 하고, 낮에는 직장생활을 하고, 저녁에는 우유값을 수금했습니다. 정말 사람을 만날 시간도 없이 성실하게 살았습니다. 그러다 보니 회사 동료나 또래 친구들보다 돈을 조금 더 벌 수 있었습니다. 하지만, 1년 정도 심한 노동을 하다 보니 힘이 들어 죽을 지경이었고, 결국 신체적인 노동을 돈으로 맞바꾸는 것이 어리석다는 것을 깨닫고 우유배달을 그만두었습니다.

직장의 월급은 너무 적었고 제대로 된 삶을 살기에는 턱없이 부족했습니다. 그러던 중 우연한 기회로 학습지 교사를 하게 되었습니다. 아이들을 가르치는 일이라 적성에도 맞았고 전 직장보다 월급도 훨씬 더 많아서 열심히 일했습니다. 가족의 생활을 위해서, 그리고 가족의 꿈을 이루기 위해서 피곤이 밀려와도 욕심을 내서 많은 아이들을 가르쳤습니다. 하지만 밤 11시, 주말까지 아이들을 가르치고 화장실에 갈 시간도 줄여가며 일해도 수입은 상한선이 정해져 있고, 늘더라도 아주 조금씩 늘었습니다. 더구나 수입이 늘어난 만큼 지출 또한 커졌기에 자산은 크게 변하지 않았고,

5년, 10년 후 미래를 생각할 때 별로 달라지지 않을 거라는 사실을 자각하고는 너무나 절망했습니다.

여러분의 미래가 만약 보고 싶다면, 여러분의 직장에서 사회생활을 5년, 10년 먼저 시작한 선배들을 보십시오. 거기에 여러분의 미래가 있습니다. 나보다 먼저 입사한 동료 선생님들을 보면 5년 뒤 팀장쯤 되어 있는 내 모습을 볼 수 있었고, 나보다 10년 일찍 시작한 선생님을 보면 잘하면 지국장 정도로 승진했을 내 모습을 볼 수 있었습니다. 내 미래의 모습에 실망을 감출 수가 없었습니다. 정말로 부자가 될 수 없는 것일까요? 다람쥐 쳇바퀴 돌듯 매일 매일 반복되는 삶 속에서 행복했던 시간들을 손꼽아보며, 그래도 내일은 좋아질 것이라는 희망의 끈을 놓지 않았습니다.

마케팅을 알게 되다 – 첫 번째 기회

기회는 준비하는 자에게 찾아온다고 했나요? 제가 평택으로 이사했을 때 신앙생활에 많은 도움을 주셨던 분이 있습니다. 같은 교회에 다니고, 같이 운동도 하며 자연스럽게 친하게 지내는 사이가 되었습니다. 제가 알고 있는 그분은 한 가정의 평범한 가장이었고, 교회에서는 좋은 이웃이었고, 늘 가까이서 운동하고 대화할 수 있는 지극히 평범한 사람이었습니다. 하지만 그분이 어떤 일을 하는지는 잘 몰랐고 그저 보험회사에 다니는 걸로만 알고 있었습니다. 제 나이 스물아홉 살이던 어느 날, 우연치 않게 그분의 사무실에 방문했을 때 엄청난 충격을 받은 사건이 일어났습니다.

그분 사무실은 평택 시내 외곽에 있는 소박한 사무실이었습니다. 함께 이런저런 이야기를 하다가 그분이 잠깐 자리를 비운 사이, 책상 위에 급여명세서가 놓여 있길래 호기심에 슬쩍 보았습니다. 순간 저는 그 자리에서 얼어버렸습니다. 명세서에 적힌 내가 받고 있는 월급의 10배 가까이에 달하는 숫자가 눈에 들어왔고, 제 눈을 의심했습니다. 찬찬히 명세서를 다시 확인하고 나자 제 손이 떨리기 시작했습니다. 심장은 쿵쿵 뛰고, 얼굴이 벌겋게 달아올랐으며 표정 관리도 전혀 안 되는 스스로를 보며 다시 한 번 놀랐습니다.

'지금까지 내가 보아왔던 그분이 이렇게 대단한 사람이었던 것을 왜 진작 몰랐을까?', '이런 엄청난 수입을 받으면서도 티를 내지 않고 어떻게 겸손할 수 있을까?', '어떻게 저렇게 높은 연봉을 받을 수 있을까?' 하는 끊임없는 자문을 하는 동시에 절망감과 자괴감이 밀려왔습니다.

그날 밤, 한숨도 이룰 수가 없어서 밤을 꼬박 샜던 기억이 납니다. 얼굴에는 저도 모르게 눈물이 계속 흘러내렸습니다. 초라한 자신을 발견한 비관의 눈물인지, 신세계를 발견한 기쁨의 눈물인지 알 수 없었지만, 한 가지 확실한 것은 제 자신을 이 상태로 내버려두어서는 안 되겠다는 간절한 마음이 있었다는 것입니다.

그다음 날 그분께 연락해서 다짜고짜 만나자고 했습니다. 저는 반드시 성공해야 할 이유가 있고, 반드시 성공할 것이라는 굳은 의지를 말씀드렸습니다. 보험으로 성공할 수 있는 방법을 가르쳐 달라고 간절하면서도 정중하게 부탁드렸습니다. 저의 간절한 진심이 통했던 것일까요? 그분은 진심으로 도와주겠다고 하면서 함께해보자고 했습니다. 저는 하늘을 날아가는 것 같았고, 이미 억

대 연봉자가 된 것 같은 기분이었습니다. 다니던 학습지회사는 어떻게 했을까요? 고민할 것 없이 학습지 일은 일사천리로 정리하고 바로 보험 일을 시작했습니다. 한 번도 해보지 않았던 세일즈를 용기만 가지고 쉽게 잘할 수 있을지 몰랐지만, 인생을 업그레이드 시킬 수만 있다면 어떠한 고통이나 시련도 감내하겠다는 의지가 강했던 것 같습니다.

저는 성공한 사람들의 습관을 잘 따라서 시도해보는 장점이 있습니다. 보험 세일즈를 시작하면서 가장 먼저 그분이 말하는 내용과 말투, 행동하는 방식, 생각하는 방법을 배워서 완벽하게 외워버렸습니다. 처음에는 어눌했겠지만 반복하고 반복해서 내 것이 될 때까지 연습했고, 그렇게 직접 발로 뛰어다니다 보니 6개월 만에 그분과 비슷한 실적을 만들어낼 수 있게 되었습니다. 그해 저는 동부생명 연도대상 은상을 수상했고, 억대 연봉에 도달했습니다. 월 보험 계약 건수가 100건 이상인 적도 있었고, 월 급여는 1,000만 원이 훨씬 넘었는데, 지금 대학생이 된 우리 아이들이 과거 20년 전에 받았던 급여명세서를 보고 깜짝 놀랍니다. 그리고, 1년 만에 꿈에 그리던 34평 아파트를 사게 되었습니다. 그 꿈을 이루기까지 얼마나 많은 노력을 했을까요? 실패하고, 실패하고, 또 실패해도 끝까지 제 자신과 제 꿈에 대한 확신이 있었기에 벼랑 끝에 나를 세우고 끊임없이 도전했던 기억이 납니다.

저는 '성공, 열정, 확신, 꿈, 도전, 간절함' 같은 단어를 너무 좋아합니다. 반면에 '포기, 좌절, 실패, 안된다' 같은 부정적인 말들은 혐오합니다. 살아오면서 '부정은 부정을 낳고, 긍정은 긍정을 낳는다'는 진리를 많은 순간 깨닫습니다. 안될 것도 된다고 생각하다 보면 성공하는 경우가 있고, 안된다고 계속 생각하면 될 것도 안됩니다. 긍정적으로 생각하다 보면 아이디어가 떠오르고, 해결 방법을 찾고, 도와주는 사람들이 생깁니다. 어떤 일이든 할 수 있다는 긍정적인 마인드는 삶에 있어서 그 무엇보다 중요하다고 생각합니다.

부동산을 알게 되다 – 두 번째 기회

어느 날, 높은 연봉의 직장인으로 산다는 것이 살아가는 데 부족하지는 않지만 큰 부자가 될 수 없다는 사실을 깨달았습니다. 그래서 자산을 불려보겠다는 생각으로 보험회사에 다니면서 휴대폰 가게를 운영하게 됩니다. 낮에는 아내가, 저녁에는 보험회사 일을 마친 후 제가 가게를 담당했는데, 휴대폰이 잘 팔리던 시절이라 수입은 꽤 괜찮았습니다. 하지만, 역시 노동 수입은 몸과 마음을 지치게 만들었습니다. 그러던 중 우연히 가게 건물주께서 "김 사장님, 옆에서 지켜보았는데 근면 성실하고, 말도 잘하고, 브리핑 능력도 있고 하니 부동산 일을 해보면 잘할 것 같습니다. 도와줄 테니까 한번 해보세요"라며 권하는 것이었습니다. 50대 여사장님인 그분은 부동산으로 수백억 원 자산가가 되신 분이었습니다. 하지만 부동산 투자는 목돈이 있어야 한다고 생각했고, 저에게 어울리지 않는다고 생각해서 일언지하에 거절했습니다.

그러던 어느 날 건물주께서 평택 삼성전자 반도체 공장이 들어설 부지 바로 앞에 50억 원짜리 금싸라기땅이 나왔는데 같이 투자할 의향이 있냐고 물어보셨습니다. 워낙 거액이라 엄두가 나지는 않았지만 어떤 땅인지 궁금증이 발동했습니다. 삼성전자 반도체공장이 만들어지는 곳에 위치해 있고, 삼성 임원이 사려고 하다가 덩치가 너무 커서 못 산 땅이라는 말에 마음이 크게 움직였습니다. 주변 땅값이 한창 올라가고 있었고, 주변으로 4차선 계획도로에 삼성에서 쏟아져 나오는 사람들과 차량들을 생각하니 기회를 놓치면 안 된다는 생각이 들었습니다. 여기저기 흩어져 있던 현금을 모으고 연금을 해약하고 가능한 모든 곳에 연락해서 돈을 빌려 5억 원을 모았습니다. 이것이 저의 첫 번째 토지 투자였습니다. 2015년 3월에 투자해서 7년 만에 3배 이상 오른 것을 생각하면 분명 좋은 선택이었습니다.

그 후 그분과 수시로 함께 임장을 다니고, 시청도 들어가서 개발계획, 개발행위에 대한 것들을 직접 경험하고 나니 더욱 자신감이 생겼습니다. 평택 삼성전자 주변 토지와 고덕국제신도시 주변 땅에 대해서 누구보다 많은 물건을 확보하기 위해 돌아다니다 주변 토지에 대한 정보를 얻을 수 있었고, 삼성전자의 개발 정보들을 알면 알수록 그 규모에 놀라지 않을 수 없었습니다. 토지 투자를 통해 부자가 될 수 있다는 희망이 저를 더욱 설레게 했고, 기회는 자주 오지 않을 것이라는 생각에 더 많은 땅을 사고 싶었습니다. 하지만 더 투자할 수 있는 시드머니가 없었기에 고민에 빠질 즈음, 인도네시아에 있는 셋째 형님이 생각이 났습니다. 형님은 당시 다니던 대기업에서 정년을 앞두고 있었습니다.

"형님! 삼성전자에서 평택에 반도체 공장을 만들고 있고, 또 분당 같은 고덕국제신도시를 만들고 있어요."

설득 끝에, 2015년 3월 형님 돈 2억 원과 대출 2억 원을 합해 4억 원의 땅을 공동지분으로 매입했습니다. 7년이 지난 지금 이 땅은 어떻게 되었을까요? 그리고 땅 주변은 어떻게 개발되었을까요? 10년이면 강산도 변한다고 했는데 10년이 채 걸리지 않았습니다. 불과 3년이 지나자 고덕국제신도시 주변의 울퉁불퉁했던 임야와 황무지에 토목공사가 진행되었고, 수많은 땅이 평평한 택지가 되었습니다. 상업지구가 평당 5,000만 원 이상으로 낙찰되고, 브랜드 식당과 카페들이 들어왔으며, 브랜드 신축아파트가 수백 대 일로 분양되고, 49층의 초고층 아파트가 분양되어 지어지는 등 고덕국제신도시는 그야말로 상전벽해가 되었습니다. 형님과 함께 산 땅은 고덕국제신도시 경계선에서 100m 떨어진 곳이었는데, 평당 37만 원에 산 땅은 현재 얼마가 되었을까요? 대답은 그저 웃음으로 대신하겠습니다. 기회는 우연하게 찾아오고, 그 기회가 인생의 방향을 바꿔놓기도 합니다.

누구나 할 수 있다

20대 시절, 노동의 강도를 높여도 올라가는 집값을 월급으로는 따라잡을 수 없었습니다. 이런 일은 30년이 지난 지금도 마찬가지입니다. 낮에는 직장 다니고, 밤에는 대리운전을 하고, 주말에는 틈나는 대로 아르바이트를 해도 부자가 되지 못하고 그냥 먹고사는 데 만족해야 합니다. 더구나, 자고 나면 아파트 가격이 1억, 2억 원이 오르락내리락하는 이런 시대에 월급쟁이로 살아가면서 한 푼 두 푼 모아 번듯한 내 집 한 채를 가질 수 있을까요?

학습지회사와 보험회사를 다니면서 노동 수입으로 부자가 될 수 없다는 것을 깨닫고 난 후, 부동산 투자가 부자가 될 수 있는 지름길이라는 확신을 갖고 지금까지 달려왔습니다. 부동산 투자를 시작했던 2015년 이후 저는 농업회사법인 1개, 부동산법인 2개, 건축회사법인 1개 등 4개 회사의 대표가 되었고, 1억 원으로 시작한 자산의 규모가 100억 원 이상으로 늘었습니다. 기회는 사람을 통해서 찾아오고, 찾아온 기회를 놓치지 않고, 나를 벼랑 끝에 세우는 심정으로 과감하게 추진할 때 성공의 밑거름이 된다고 믿습니다.

세상에는 불가능해 보이는 일이 많지만 불가능을 가능으로 바꾼 사례들도 많습니다. 사람과의 만남을 잘 유지하고, 성공할 수 있다는 믿음을 가지면 자신이 꾸었던 꿈들이 기적적으로 현실에서 이루어져가는 과정을 경험하게 될 것입니다. 그리고 그 경험들을 바탕으로 더 큰 도전을 해서 더 큰 목표와 꿈을 실현할 수 있으리라고 생각합니다. 결코 도전을 두려워하거나 행동하는 데 망설이지 말라고 말씀드리고 싶습니다.

You Can Do It!

오픈마인드 **김양구**

차 례

토지 투자의
새로운 정석

토지 투자의
초특급 핵심 비밀

흔히 부동산 투자에서 가장 어려운 것이 토지 투자라고 합니다. 그러면서도 부동산 투자에서 가장 확실한 것 또한 토지 투자라고 말합니다. 단, 많은 사람이 토지는 장기 투자를 해야만 한다고 생각해서 걱정합니다. 주택이나 아파트는 갭 투자도 하고, 사고 난 뒤 2년만 지나도 1세대 1주택으로 비과세로 팔 수도 있기에 큰 걱정을 하지 않습니다. 그러나 땅을 잘 모르는 사람들은 땅은 한번 사면 장기간 보유해야만 오른다고 알고 있고, 흔히 10년은 가지고 있어야 오른다는 잘못된 생각을 하고 있습니다.

지금부터 제 이야기를 오해 없이 들어주셨으면 좋겠습니다. 정말 진심으로 말씀드리겠습니다. 이 글을 쓰기까지 많이 고민했습니다. 굳이 책을 출간하면서까지 '이런 토지의 비밀을 노출시켜야 하나?' 하는 고민도 많이 했습니다. 남들이 알지 못하는 토지 투자의 초특급 핵심 노하우를 공개했을 때, 그동안 감추어져 있던 투자의 비밀들이 공개되는 것에 대한 진한 아쉬움이라기보다, '토지 투자의 핵심 권리분석으로 인해 만들어진 엄청난 수익이라는 결과물들이 과연 투자인가? 아니면 투기인가?' 하는 조심스러운 생각을 할 수밖에 없었습니다. 다시 말해, '투자의 시각으로 바라볼 수 있을까? 그저 투기하는 사람으로 비추어지는 것은 아닐까?' 하는 깊은 고민에서 시작해, '잘못된 시각으로 바라보는 사람들이 있다면 굳이 나만의 핵심 기술들을 공개하는 것이 옳은 일인가? 아니면 그릇된 일이 될 것인가?' 하는 데까지 고민은 깊어졌습니다.

많은 사람들이 '내가 하면 로맨스, 남이 하면 불륜'이라고 하듯이 자신이 하면 투자, 남이 하면 투기라고 생각할 수도 있다는 것이 마음에 걸립니다. 잘못 생각하면 투자자가 아니라 투기꾼으로 몰릴 수도 있기에 너무나 조심스러운 마음으로 이 글을 쓰고 있습니다.

토지 투자는 사고 난 뒤 5년, 10년이 지나야 결과물이 나오는 것이 정석인데, 제가 산 땅들은 대부분 1년 안에 2배 가까이 오르는 것이 일반적이고, 100개의 땅을 사면 단 1개의 땅도 손해를 보지 않고 100개 모두가 오르는 땅이 되어버렸습니다. 과연 이것은 운일까요? 실력일까요? 100개 중에 어떻게 단 1개의 땅도 물리는 땅이 되지 않고 지가가 계속 올라가는 땅이 될 수 있었을까요? 저는 이것이 실력이고, 투자의 산물이며, 투기가 아니라는 것을 말씀드리고 싶습니다. 결국 오르는 땅은 이미 정해져 있고, 그 오르기로 작정되어 있는 땅을 분석하고 찾아내어 소유권을 내 것으로 이전하는 것이 핵심입니다.

누가 뭐라고 해도 감추어져 있는 보물들을 찾아내는 것이 제 일입니다. 남들이 보지 못하고, 알지 못하는 아주 깊이 감추어져 있는 땅의 핵심 비밀들을 다양한 공법으로 찾아가는 과정을 거치고 나면 땅값이 오르는 기이한 일들이 일어납니다. 이미 오르기로 결정되어 있는 땅을 찾아가는 과정에서 투자 타이밍을 찾는 것이 핵심입니다. 쉽게 설명드리면 10년 동안 조금씩 올라갔던 원형지 땅값이 단 1년 만에 10년 동안 오른 것보다 몇 배 더 오르기도 합니다. 이것은 주식도 그렇고, 아파트도 그렇고, 투자 대상인 모든 것에 존재하는 사실입니다. 10년 내내 오르지 않다가 갑자기 확 오르는 특징이 있습니다. 제가 하는 일은 토지가 긴 겨울잠에서 깨어나 본격적으로 오를 때 그 투자 타이밍을 찾는 것입니다.

우리나라 땅 덩어리가 좁다고 하지만 그래도 개발해야 할 땅들은 너무나 많습니다. 전국에 있는 그 많은 땅이 모두 오르지는 않습니다. 결국 오르는 땅은 이미 정해져 있습니다. 그 오르는 땅에 투자하는 것이 핵심입니다. 오르기 시작한 땅들은 1년 내에 급격한 변화가 일어납니다. 갑자기 설계하는 토목사무실이 바빠지고, 토공사업들이 곳곳에서 진행되며, 수요와 공급의 측면에서 균형이 깨지는 현상이 나타나고, 개발 이슈로 인해 수요자들이 풍부해지고 넘치게 되면 땅의 면적은 한정되어 있는 특수성으로 인해 그 지역은 불이 붙게 됩니다.

토지 투자자들은 이런 타이밍을 놓쳐서는 안 됩니다. 이때를 오랜 시간 붙잡아둘 수 없습니다. 고작해야 1~2년밖에 주어지지 않습니다. 이 기간에 충분히 투자해야 합니다. 이 기간에는 10년 동안 올랐던 땅값보다 1년 안에 올라간 땅값이 더 큽니다. 이 기간 중에서도 개발이 시작되기 전의 핵심적인 현상을 볼 수 있는 사람은 그렇게 많지 않습니다. 우리가 아는 초고수의 영역이기도 합니다. 초고수들은 단 몇 개월 만의 투자 시간에도 2배 이상의 수익을 만들 수 있습니다. 결국 10년 동안 투자해서 땅값이 2배가 오르기도 하지만, 단 3개월 만에 2배가 되기도 합니다.

토지 투자의 이러한 특수성 때문에 아주 조심스럽다는 말씀을 드리고 싶습니다. 10년 동안 인내의 시간을 통해 땅값이 2배가 되면 투자이고, 3개월 만에 2배가 오르면 투기인지 묻고 싶습니다. 저는 오랜 기간이 걸려서 수익을 내야만 정상적인 투자라고 생각하지 않습니다. 투자는 시대를 꿰뚫어 볼 수 있는 시각에서 출발하고, 다양한 공법과 권리분석, 입지분석을 통해 개발되는 시기의 투자 포인트를 찾는 핵심 비밀이 투자 기간을 단축시킬 수 있습니다. 또한 투자 기간의 단축은 수익으로 곧바로 이어진다고 생각합니다. 이 투자 타이밍을 알아내기 위해 노력했던 수많은 시간과 경험들이 돈으로도 바꿀 수 없는 핵심 기술로 탈바꿈되었기에 지금도 개발되는 수많은 현장에서 동일하게 투자는 진행되고 있습니다. 단 한 번의 실패도 없는 정확한 입지분석, 권리분석이 가능하기에 투자 수익률 또한 상상을 초월합니다.

여러분은 어떻게 생각하십니까? 이것이 실력일까요? 그리고 투자일까요? 아니면, 아직도 투기인가요? 실력이 없기 때문에 오르는 땅을 선별하지 못하고, 실력이 있기 때문에 3개월 만에도 2배 올라가는 땅을 찾을 수 있는 것입니다. 주식도 마찬가지입니다. 10년 동안 가지고 있어도 오히려 10년 전 가격보다 떨어질 수도 있고, 오늘 산 우량 주식이 회사의 기술 발표로 1달 만에 3~4배가 될 수도 있습니다.

주식도 모든 주식이 다 오르지 않고 일정하게 오르는 주식의 패턴이 있듯이 토지도 모든 토지들이 다 오르지 않고 결국 개발되어 오르는 땅으로 결정되어 있는 땅이 오릅니다. 예를 들어본다면 과연 어떤 땅이 오를까요? 시골에 가면 수없이 많은 농지들이 있습니다. 그런 땅들이 오를까요? 정말 그렇게 생각하세요? 그런 땅들은 지천에 널려 있기에 오를 수 있는 땅이 아닙니다. 땅값이 오를 수 있는 땅은 결국 개발되는 땅입니다. 그래서 토지 투자를 하는 사람들은 경기도에 있는 개발되고 있는 땅에 투자합니다.

제가 투자하는 곳은 딱 정해져 있습니다. 개발이 시작되는 땅들입니다. 이미 개발된 땅이 아니라 개발하려고 확정된 땅이고, 이미 개발 중인 땅들도 포함됩니다. 평택 고덕국제신도시, 화성 송산그린시티, 안성의 서울-세종고속도로 IC 주변, 용인 원삼 SK하이닉스, 이 네 곳 외의 지역은 눈길도 주지 않습니다. 제가 가장 잘 알 수 있는 곳이고, 가장 많이 돌아다녔던 곳이기에 누구보다 잘 알고 있는 곳입니다.

이곳에서 일어났던 말도 안 되는 투자 경험들을 지금부터 들려드리겠습니다. 누군가에게는 엄청난 자극을, 누군가에게는 엄청난 도전을, 누군가에게는 새로운 꿈을 꿀 수 있는 계기가 되길 소망합니다. 그리고 저는 이런 비밀을 배우고자 하는 분들에게 언제든지 열려 있습니다. 저는 '오픈마인드'이기에 제가 가지고 있는 정보를 언제든지 오픈합니다.

지금까지 3년 동안 무료로 가르쳐드렸고, 그것을 배운 수많은 분들이 지금도 부자의 꿈을 꾸고 있습니다. 저는 그 꿈을 완성시키는 멘토가 되고 싶습니다. 절대 포기하지 마세요. 작은 용기가 당신이 몰랐던 또 다른 당신의 모습을 만들어갈 수 있습니다.

소망이 깊으면 반드시 이루어집니다!

토지 투자의
새로운 정석

땅을 임장하다 보면 "이거다" 하는 땅이 가끔 나옵니다. 이런 땅은 누가 보더라도 매력이 있는 땅입니다. 하지만 이런 땅은 땅값이 비싸게 매겨집니다.

제가 투자자로서 땅을 고를 때 가장 중요하게 생각하는 한 가지는 바로 저가 매수입니다. 땅을 살 때 시세보다 저렴해야 관심을 갖습니다. 아무리 입지가 좋은 땅이라도 비싸게 사면 투자 수익률이 낮기 때문에 절대로 시세 이상으로는 사지 않습니다. 지금까지 지켜온 저의 원칙입니다. 그런 땅이 안 나오면 쉬면 됩니다. 나올 때까지 기다리면 땅은 반드시 나옵니다.

토지 투자의 좋은 점은 기다리면 된다는 점입니다. 기다리다 보면 사놓은 땅의 값이 올라갑니다. 좋은 땅을 새로 매수하지 못해도 이미 사놓은 땅들은 알아서 값이 올라갑니다.

친구를 만날 때도, 몸이 아플 때도, 해외여행을 하고 있을 때도,

내가 다른 사업으로 바빠서 신경을 못 쓰더라도 내 땅값은 주변이 개발되면서 저절로 올라갑니다. 개발지 주변의 땅은 시간이 흐르면서 도시의 개발계획에 따라 공사가 시작되고, 도로가 개설되고, 아무것도 없던 땅에 상가들이 지어지고, 사람들이 몰려오는 현상이 시작되면 그 값이 급격하게 상승되는 것이 일반적인 패턴입니다. 그래서 토지 투자자들은 하나의 토지만 사놓고 기다리면 안 됩니다. 여기저기 개발지 주변 땅들을 사놓고 기다려야 하는지, 매도 후 또 다른 땅을 매입해야 하는지 빠른 판단을 해야 합니다.

높은 수익률을 기대하고 오래도록 묵혀두는 것이 지금까지 토지 투자의 정석이라고 했다면, 저는 새로운 패러다임으로 투자합니다. 너무 욕심부리지 않고 싸게 사서 단기간에 시세대로 매도하든지, 개발해서 시세대로 매도하든지 둘 중 한 가지입니다. 오래도록 묵혀두는 투자는 절대적으로 배제합니다.

기존 토지 투자의 개념을 깨는 상식이 필요합니다. 그러려면 토지를 보는 안목이 있어야 하고, 그런 안목으로 시세보다 훨씬 저렴하게 매입해야 단기간에 충분한 수익을 얻고 매도할 수가 있습니다. 이것이 제가 하고 있는 토지 투자의 새로운 정석입니다. 이 방식은 아무나 따라 할 수도 없습니다. 엄청난 실력을 갖추고 있어야 하고, 마케팅에도 능해야 하며, 상담에도 능해야 하는 종합 예술과도 같은 것이라고 감히 말씀드릴 수 있습니다.

돈을 좇기보다는 먼저 실력을 키울 것을 겸손히 말씀드리고 싶습니다. 실력이 있으면 돈이 있는 사람들이 줄을 서서 기다립니다. 저에게도 돈이 있는 투자자들이 끝도 없이 찾아왔습니다. 5억, 10억, 20억, 50억 원 이상 있는 사람들이 줄을 서서 땅을 찾아달라고 아우성칩니다. 돈을 가지고 와도 땅이 없어서 모두 구해주지 못하고 있습니다. 사실 내가 살 땅도 부족한데 남들까지 챙겨주기가 어렵습니다. 간혹 수십억 원 하는 큰 땅이 나올 때 남는 땅 일부를 나눠주기도 합니다. 이 모든 것들은 땅을 고를 수 있는, 땅을 볼 수 있는 안목이 있어야 가능하고, 땅을 적절한 타이밍에 매도할 수 있는 마케팅 능력이 있어야 가능합니다.

이런 실력이 갖추어질 때, 꿈으로 생각했던 모든 것이 현실이 됩니다. 토지 투자를 통해서 정말 가슴 깊숙한 곳에서 꿈꾸었던 소망들이 이루어지길 진심으로 소망합니다.

토지 투자 수익,
실력일까? 운일까?

삼존리 땅 매매 사례

부동산 일을 경험하면서 좋은 관계로 시작했다가 나중에 원수처럼 싸우는 안타까운 경우를 간간이 보게 됩니다. 부동산 일은 사람과 관계된 일이기에 그 사람의 첫 이미지가 굉장히 중요합니다. 말하는 것이나 행동하는 부분에 있어서 항상 조심해야 하고 분쟁을 만들지 않는 것이 좋습니다. 한번 이미지가 손상되면 그 지역에서 소문이 금방 나기에 물건을 구하기가 어려워집니다.

저는 될 수 있으면 공인중개 사무소에 많이 방문하지 않습니다. 어디를 가더라도 사람들이 금방 알아보기 때문입니다. 방송을 해서인지 제 목소리만 들어도 금방 알아차립니다. 사람들에게 알려지다 보니 더욱 조심스럽습니다. 그러나 지역을 대표하는 공인중개 사무소 몇 군데는 알아놓아야 부동산 정보나 물건을 받을 수

소재지	경기도 화성시 송산면 삼존리(718평)
매입 가격	5억 200만 원/평당 약 70만 원
매도 가격	10억 7,600만 원/평당 약 150만 원
대출	3억 원
실투자금	2억 200만 원
매도 기간	4개월
수익률	284%
결과	4개월 만에 실투자금 2억 200만 원으로 세전수익 5억 7,400만 원

있기에 가깝게 지내는 공인중개 사무소 사장님과는 친분을 쌓아
놓습니다.

화성시 남양에 국가대표공인중개사 지 소장님이라는 분이 계
십니다. 평소 안부 인사도 나누고 좋은 물건이 있으면 상호 정보
를 나누는 좋은 관계에 있는 현직 공인중개 사무소 소장님입니다.

어느 날 지 소장님으로부터 전화가 왔습니다.

"김 대표님이 좋아하실 위치에 물건이 나왔는데 검토해보세요.
그런데 이게 다른 곳에서 입질이 있어서 결정이 늦으면 오늘 중
다른 분에게 계약이 될 수도 있습니다."

"그래요? 그럼 물건지 주소를 먼저 보내주시면 제가 할 수 있는
물건이면 바로 가계약금을 넣을게요."

문자로 물건지 주소를 받는 순간, "바로 이거다!" 할 정도의 위
치였습니다. 평단가를 계산해보니 주변 가격의 반 가격으로 나왔
습니다. 주변 시세가 평당 130~150만 원 정도 하는데 평당 70만
원에 나온 것이었습니다. 토지이용계획확인원으로 확인을 하고
밸류맵, 땅야, 디스코 같은 사이트에서 주변 땅이 팔린 시세를 확

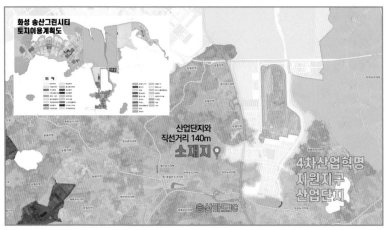

경기도 화성시 송산면 삼존리 소재지 위치   출처 : 카카오맵

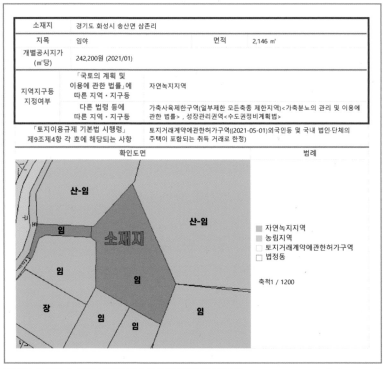

소재지	경기도 화성시 송산면 삼존리			
지목	임야		면적	2,146 ㎡
개별공시지가 (㎡당)	242,200원 (2021/01)			
지역지구등 지정여부	「국토의 계획 및 이용에 관한 법률」에 따른 지역·지구등	자연녹지지역		
	다른 법령 등에 따른 지역·지구등	가축사육제한구역(일부제한 모든축종 제한지역)<가축분뇨의 관리 및 이용에 관한 법률>, 성장관리권역<수도권정비계획법>		
「토지이용규제 기본법 시행령」 제9조제4항 각 호에 해당되는 사항		토지거래계약에관한허가구역((2021-05-01)외국인등 및 국내 법인·단체의 주택이 포함되는 취득 거래로 한정)		

확인도면   범례

■ 자연녹지지역
■ 농림지역
□ 토지거래계약에관한허가구역
□ 법정동

축척1 / 1200

경기도 화성시 송산면 삼존리(718평) 토지이용계획확인원   출처 : 토지이음

인하고 토목 담당에게 혹시 무슨 문제가 있는 땅인지 확인해보니 특이사항이 없는 아주 저렴한 물건이었습니다. 은행에 전화해서 감정평가를 의뢰했고, 은행에서는 감정평가를 해봐야 확실하지만 제조장으로 허가가 난 상태이면 대략 3억 원 정도는 나올 수 있다고 했습니다. 지 소장님에게 전화를 바로 했습니다.

"지 소장님, 이 땅 바로 계약하겠습니다. 다른 분에게 뺏기지 않도록 부탁드립니다. 그리고 가계약금 10%를 먼저 입금시킬 테니 지주 계좌번호를 넣어주세요."

그리고 나서 바로 입지분석을 다시 해보았습니다. 184만 평에 만들어지는 4차산업혁명지원지구 산업단지에서 140m 떨어진 곳에 위치한 임야인데, 이미 허가를 받았고 토목공사까지 해놓은 땅이었습니다. 허가를 받고 토목공사까지 해놓았기에 대출이 약 70%까지 나온다면 현금으로 2억 원만 준비하면 최고의 땅을 살 수 있는 절호의 기회였습니다.

어떤 사람들은 땅이 싸게 나오면 무슨 하자가 있는지 의심부터 합니다. 그러다 보니 정말 싸게 나와도 망설이다가 다른 사람에게 넘어가는 경우가 대부분입니다. 결국 입지분석, 권리분석이 되지 않기 때문에 기회가 와도 놓치게 됩니다.

저는 약간의 문제가 있는 땅이라도 토지이용계획확인원, 등기부등본을 떼어보고 압류가 되어 있는지 확인하고, 현장에 가서 확인해보며, 허가사항에 문제가 발생할 수 있는지 따져보고, 현장에 가보지 않더라도 인터넷 로드뷰로 주변 경관이나 오수관, 우수관, 배수로까지 확인할 수 있기에 모든 도구를 다 활용합니다. 그렇기 때문에 기회가 왔을 때 다른 사람들보다 한발 앞서 매수할 수 있습니다. 결국, 남들보다 많이 알아야 기회를 내 것으로 만들 수 있는 것입니다.

그런데 계약금을 입금할 계좌가 저녁때가 되어가는데도 오지 않는 것입니다. 그래서 지 소장님께 전화를 해서 지주 계좌번호를 보내달라고 재차 말씀을 드렸는데, 지주가 다른 분에게도 말해놓아서 그쪽에서 결정하면 계약이 어렵다고 했습니다. 좋은 땅은 항상 이런 경우가 생깁니다. 정말 시세보다 낮고 좋은 땅은 계약금을 넣었어도 배액배상을 통해 취소하기도 합니다. 이런 경우를 많이 경험했기에 이번 건은 힘들겠구나 예상했습니다. 그다음 날이 되어도 연락이 없어서 거의 포기하고 있을 때 지 소장님으로부터 연락이 왔습니다.

"대표님, 지주 계좌를 받았습니다. 빨리 계약금부터 넣어주세요. 지주 찾아가서 어렵게 설득해서 받아왔습니다."

평소 지 소장님을 믿기에 현장에 가보지 않고서도 계약금을 입금시켰습니다. 그다음 날 아침 일찍 송산으로 올라가 물건을 확인해보니 너무 괜찮은 물건이었습니다. 손볼 것도 없는 이미 제조장으로 허가가 난 살아 있는 땅을 계약했기에 기업하는 사람들에게 매도하면 좋을 위치였습니다.

이 땅을 2021년 3월 22일에 등기하고 혹시나 하는 마음으로 이 주변의 시세를 확인해보니 역시 평당 150만 원을 충분히 받을 수 있을 것 같았습니다. 보통 이렇게 산업단지 인근에 향후 공장을 짓게 되면 평당 250만 원은 받을 수 있습니다. 실사용자라면 더욱 좋겠지만 투자용으로 사놓아도 좋은 위치였습니다. 직원인 권 팀장에게 물었습니다.

"권 팀장, 이 땅 시세대로 내놓아볼까?"

"대표님, 등기에 잉크도 안 말랐는데 너무 빠른 것 아니에요?"

"그냥 수요자가 많아서 혹시 하는 마음으로 내보는 거지."

한참 송산그린시티 남측지구가 뜨거운 감자로 부상할 때이고 투자용 땅을 찾는 사람도 많기에 혹여나 하는 마음으로 내놓았습니다. 그런데 놀라운 일이 일어났습니다. 삼존리는 산업단지의 경계선에 붙어 있는 위치이고, 특히 이 땅은 산업단지로부터 직선거리 140m밖에 떨어져 있지 않아 투자용으로 사놓아도 손색없는 땅이었습니다. 내놓자마자 여러 사람이 찾아와 관심을 보였고, 곧바로 매도 계약을 할 수 있었습니다. 실투자금 2억 200만 원으로 4개월 만에 수익 5억 7,400만 원(세전), 수익률 284%를 올릴 수 있었던 놀라운 경험이었습니다.

분석

어떻게 이런 일이 가능할까?

흔히 임장을 다니다 보면 의외로 시세파악이 안 되는 땅들이 있습니다. 주변에 개발 호재는 있는데 수요자가 몰려오지 않는 시기에 이런 현상이 일어납니다. 개발된다고 무조건 수요자가 몰려올 것이라는 착각은 버려야 합니다. 이것은 타이밍 싸움입니다. 개발 지역임에도 불구하고 5년, 길게는 10년씩 묶여 있다가 단 1년 만에 지가(地價)가 움직이기 시작하기도 합니다. 개발 압력이 상승하고 뉴스나 미디어에서 소개되며, 각종 개발 소식들이 흘러나오고 실제 공사에 들어가는 움직임이 보일 때, 이때가 타이밍입니다. 이 타이밍이 적용되면 실제 투자자들이 몰려옵니다. 화성 송산그린시티 같은 경우도 2021년 토지 거래 상위권에 속했습니다. 신세계그룹의 국제 테마파크를 비롯해서 서해선 복선전철 같은 굵직한 호재들이 연일 방송에서 다루어졌고, 특히 10년 이상 정체되고 있던 송산그린시티 신도시의 개발 소식은 가뭄에 단비가 오듯이 투자자들의 자금들을 블랙홀처럼 빨아들였습니다.

2021년은 실수요자가 몰리지는 않았지만, 실투자자들이 몰렸던 한 해였던 것입니다. 그러다 보니 땅을 파는 지주는 10년 동안 꿈쩍도 안 하고 있는 땅을 바라보며 한숨만 쉬었을 것입니다. 그러다가 자신의 주변 땅값이 움직이는 타이밍을 잘 모르고, 더구나 사업에 어려움이 생겨 급하게 팔아야 하는 상황이 발생해 급매로 내놓은 것 같습니다. 그래서 투자자는 항상 지가 변화를 민감하게 받아들이고, 이를 예의 주시해야 합니다. 그러다 보면 이렇게 좋은 땅을 반값에 살 기회가 생깁니다.

실력일까? 운일까?

여러분이 생각하기에 이 경우는 운일까요? 아니면, 실력일까요? 한번 시간을 되돌려보도록 하겠습니다.

1. 당신에게 이런 좋은 땅을 소개해주는 사람이 있는가?
- 좋은 땅을 소개받기 위해 여러 공인중개사들과 협력하고, 상호 도움을 주는 관계를 유지해야 합니다.
- 가끔은 이렇게 나오는 물건을 매도해주기도 하고, 내가 알고 있는 정보를 공유하기도 하며, 또는 물건을 연결시켜주는 매개체의 역할도 하는 팔방미인이 되어야 이렇게 좋은 물건을

소개받을 수 있습니다.

2. 당신에게 이런 물건을 주었을 때 이 땅이 좋은 땅인지, 평범한 땅인지 구별할 수 있는가?

- 저는 항상 이곳을 주시하고 있었고 이 주변의 시세를 파악하고 있었으며, 향후 이런 위치의 땅이 어떻게 개발될 수 있는지, 어떻게 성장할 수 있는지에 대한 각종 데이터와 시뮬레이션이 머릿속에 있었기에 이런 결과가 가능했습니다. 혹시 당신은 기회가 왔을 때 결정할 수 있는 준비가 되어 있나요?

3. 오늘 땅을 주고 당장 가계약금을 입금하라고 하면 입금시킬 자신이 있는가?

- 아마도 이 부분에서 모든 사람들이 문제에 부딪히게 될 것입니다. 장담합니다. 대다수의 사람들이 "어떻게 땅도 안 보고 계약을 하느냐?", "어떻게 오늘 보여주고 오늘 계약하라고 할 수 있느냐!" 하는 불만을 제기할 것입니다. 그렇기 때문에 이런 계약을 하기가 어렵고, 이것이 운이 아니라 실력이라고 하는 것입니다.

저도 이것을 운에 맡겨 하루 만에 계약을 한 것이 아닙니다. 철저히 분석해 서류상 문제가 없는지 법무사에 확인하고, 토목사무실에 허가 난 부분에 대해서 체크하고, 허가권에 대한 명의를 변경하는 데 아무 문제가 없다는 확인을 받았습니다. 그런 다음 은행에 감정평가를 시켜 대출 가능 금액을 알아보고, 그 땅 주변의 권리분석을 철저히 했기에 현지에 가보지도 않고 단 하루 만에 계약할 수 있었던 것입니다. 당신은 그렇게 할 수 있는 실력이 있습니까?

4. 이런 땅이 또 나올까? 그리고 누구나 가능한 일인가?

- 이런 땅은 수시로 나옵니다. 정말입니다. 그러나 누구나 그 땅을 사서 수익을 내는 것이 가능한 일은 아닙니다. 철저히 준비되어 있는 실력자만이 누릴 수 있는 특권입니다. 실력을 갖추시길 바랍니다.

저는 이런 땅을 너무나 많이 계약했습니다. 다양한 루트로 소개받기도 하고, 직접 저에게 연락해주는 지주도 있으며, 공인중개 사무소에서 연락해주기도 합니다. 다만 그 땅이 그런 황금알을 낳는 땅인지 소개해주는 사람도 모르고, 지주도 모르며, 공인중개사도 잘 모르는 경우가 있기에 철저히 권리분석을 할 수 있는 준비되어 있는 사람에게만 그 기회가 수시로 찾아옵니다. 이렇게 좋은 땅은 수시로 나올 수 있지만, 누구나 그 기회를 잡는 것이 가능한 일은 아닙니다. 철저히 준비되어 있는 실력이 있는 자에게만 가능한 일입니다.

토지 투자의
새로운 시각

    평택에는 삼성전자 반도체 공장이 건설되는 과정에서 반도체 팹공장을 건설하는 3만 명 이상의 건설 노동자들이 지방에서 몰려왔습니다. 삼성전자 팹공장 주변의 함바식당은 발 디딜 틈이 없을 만큼 문전성시를 이뤘고, 건설 노동자들이 숙소로 이용할 주변 원룸은 인기가 치솟았습니다. 그러다가 월 임대료가 40만 원이던 원룸이 50만 원씩 받아도 공급이 부족한 상황이 되었고, 급기야 실평수 7평 오피스텔이 월 90~100만 원까지 받는 상황까지 전개되었습니다.

    평택 서정리역 주변으로 도시형 생활주택이 8,000세대 넘게 분양되었고, 입주가 되었는데도 부족할 지경이었습니다. 이런 상황이 지속되자 삼성전자 주변에 땅을 가지고 있는 지주들은 자연스럽게 원룸 건물을 지어 임대하는 것이 꿈이 되었습니다.

    저도 어떻게 하면 빌딩주인이 될 수 있을까 고민에 고민을 거듭

하던 중 삼성전자가 눈앞에 보이는 장당동에 1,000평 정도 되는 땅이 물건으로 나왔습니다. '나도 건물주가 될 수 있다!'라는 소망이 너무나 강렬해서 '반드시 이 땅은 사고 말겠다'라는 목표와 열정이 생겼습니다.

토지 매수 금액은 25억 원이었고, 제 수중에는 1억 원밖에 없었습니다. '가진 현금이 1억 원뿐인 내가 어떻게 이렇게 큰 땅을 살 수 있을까?' 고민이 되었지만 땅의 위치가 너무 좋아 분명히 어떤 방법이 생길 것이라는 긍정의 시각이 있었고, 효자 노릇하는 땅이 될 것이라는 확신이 섰습니다. 정말 간절하면 이루어진다는 신념이 있었기에 이 땅을 살 수 있게 해달라고 간절히 기도했습니다. 얼마나 간절했으면 꿈에도 나왔을까요? 이 땅을 사서 원룸 건물 4동을 지으면 더 이상 노동을 통한 수입이 없어도 매월 들어오는 임대 수익으로 살 수 있다는 희망이 생기자 그 바람은 더욱 간절해졌습니다.

혼자만의 힘으로는 불가능했기에 투자자를 모으기로 계획을 세웠습니다. 일단 은행에 알아보니 10억 원 정도 대출이 가능해서 15억 원 정도의 현금만 마련하면 땅 구입이 가능했습니다. 제일 먼저 가깝게 지내는 지인 세 분께 일일이 찾아가 열정적으로 설명드렸습니다. 참고자료와 향후 발전될 미래까지 확신을 가지고 설명드렸습니다. 평소 남에게 부탁하는 것을 하지 못하는 성격이지만, 이 땅은 정말 놓치고 싶지 않아서 투자자들에게 자존심을 버리고 말씀드렸습니다. 이곳에 원룸을 짓고 임대로 발생하는 수익을 생각하면 절대로 포기할 수 없었고, 이런 저의 생각을 그분들께 미친 듯이 설명드리자 투자자들도 감동했나 봅니다. 그리고 평소에 누구에게도 피해 끼치지 않고, 열심히, 성실히 살았던 것을 투자자들도 알고 있기에 저를 믿고 투자해주었습니다.

다행히 현재까지도 그 땅을 보유하고 있는데, 좋은 소식들이 전해지고 있습니다. 삼성이 바라보이는 입지였기에 살 때보다 훨씬 비싸게 팔라는 전화들이 많이 오고, 지구 단위 도시개발계획이 진행되고 있는 상황에까지 이르렀습니다.

이처럼 돈이 있다고 투자를 잘하는 것도 아니고, 돈이 없다고 투자를 하지 못하는 것도 아닙니다. 올라가는 땅을 정확하게 구별하는 입지분석의 능력이 있다면 돈은 큰 문제가 되지 않습니다. 이제는 토지 투자의 새로운 시각이 필요합니다. 다양한 스펙트럼으로 볼 수 있는 시각이 필요합니다. 돈이 없어도 실력만 있다면 투자금을 싸 들고 나를 찾아오는 시대입니다.

정확한 입지분석과 권리분석을 할 수 있는 실력이 있다면 당신과 당신의 가족이 꿈꾸는 그 이상의 것들을 토지 투자를 통해 이루어갈 수 있습니다.

1억 원밖에 없었던 제가 25억 원의 땅을 살 수 있었던 것은 '이미 오르는 땅은 정해져 있다'라는 사실에 적합한 입지를 가진 토지였기에 가능했고, 또한 그것에 확신을 더해줄 다양한 자료와 저의 열정적인 모습들이 있었기에 투자자의 주머니를 열 수 있었던 것입니다.

언제까지 '나는 할 수 없다'라고 단정 지으며 사실 건가요?

언제까지 '이건 당신이니까 가능한 일이야'라고 핑계를 대며 사실 건가요?

언제까지 '잠재되어 있는 능력을 숨기며' 살아가실 건가요?

이미 이 세상에 태어날 때부터 당신은 위대한 존재로 태어났습니다. 어머니의 몸속에서 1억 개가 넘는 정자들과의 경쟁에서 1등으로 합격한 당신이 태어났기에 그 존재감은 이루 말할 수 없을 정도로 위대하고 능력이 있는 것입니다. 그렇게 태어날 때부터 어마어마한 생명력으로 살아남은 위대한 존재인 당신이기에 이 세상에서 가치 있는 일을 하시길 바랍니다. 부동산 토지 투자는 그 가치 있는 일을 이루기 위한 도구에 불과합니다. 그 도구를 잘 활용해서 당신의 소중한 꿈을 키워가셨으면 좋겠습니다.

투자도 즐기면서
할 수 있다면

평택에 매일 조기축구를 하는 '힐조'라는 축구팀이 있습니다. '힐조'는 비가 오나 눈이 오나 거의 하루도 쉬지 않고 운동을 합니다. 그런데 이상한 점은 이 팀은 감독도 없고, 코치도 없으며, 포지션도 제각각이고 심지어 지정된 골키퍼도 없습니다. 그냥 늦게 오는 사람이 10분씩 돌아가면서 골키퍼를 봅니다. 인원도 15명이 될 때가 있고, 20명이 될 때도 있으며, 심지어 30명이 되어도 운동하는 데 전혀 문제가 없습니다. 누구나 참여 가능한 독특한 시스템입니다. 그런데도 20년이 넘게 끊기지 않고 잘 돌아갑니다.

이렇게 감독도 코치도 없는 축구팀이지만, 자세히 보면 헌신하는 한 사람이 있습니다. 바로 총무인 인용교 님입니다. 그는 매일 아침 하루도 빠지지 않고 참석하며, 카카오톡으로 사람들을 불러 모으고 정보를 전달하며, 이 팀이 굴러갈 수 있도록 최선의 노력을 다합니다. 월급을 받는 것도 아니고 사람들에게 엄청난 수고와 헌신에 대한 대가를 바라지도 않으면서, 늘 주도적으로 이끌고 있는 모습이 너무나 보기 좋습니다. 축구를 아주 잘하지 않지만 함께 어울리고 운동하는 기쁨으로 이 일을 하고 있습니다. 이처럼 축구를 사랑하는 마음과 열정이 있으면 누가 시키지도 않은 일을 행복한 마음으로 할 수 있다는 것을 그를 통해 보게 됩니다.

운동장 사정으로 특별한 일이 발생되면 모두 인용교 님을 찾습니다. 조기축구를 하다가 조그만 문제가 생겨도 인용교 님을 찾습니다. 그만큼 그가 '힐조'라는 팀에 선한 영향력을 끼치고 있기 때문입니다. 가끔 생각해봅니다. '그는 월급이나 대가를 받는 것도 아닌데, 왜 사람들에게 전화하고 공을 챙기며 물을 준비할까?' 감독과 코치가 있는 것도 아니고, 조직적으로 움직이는 팀도 아닌데 열심히 챙기는 것을 보면 감동을 받아 가끔 그에게 모바일 커피 쿠폰을 보내주기도 합니다.

어느 날 문득, 그 이유가 궁금해져서 전화로 물어보았습니다.

"용교야, 아침 축구 모임에서 스스로 총무가 되어 수년째 그 역할을 맡고 있는데, 월급을 받는 것도 아닌데 왜 이 일을 꾸준하게 하는 거니? 혹시 평택시에서 아르바이트비라도 받는 거니? 하하하!"

"형님, 이런 걸 한다고 평택시에서 아르바이트비를 주겠어요! 그냥 '제가 좋아서 하는 것'입니다. 제가 축구를 잘하는 것도 아니고, 모임에서 남들이 귀찮아하는 것을 챙기는 것이 제가 할 수 있는 유일한 일이라서 그냥 하고 있습니다. 제가 이 일을 맡으면 다른 사람들은 편하게 운동할 수 있잖아요!"

몇 번을 물어봐도 그는 '자신이 좋아서 하는 것'이라고 했습니다. 어떠한 대가를 바라는 것도 아닙니다.

이처럼 아무런 대가가 없더라도 자신이 좋아하는 일이라면, 또 거기에 자신만의 철학과 직업의 가치, 비전을 심어놓는다면 그 사람은 성공할 확률이 높아집니다. 앞서 인용교 님의 이야기처럼 자신이 좋아서 하는 일이기 때문입니다. 일이 좋아서 하는 사람은 늦은 밤까지 야근하더라도 힘들어하지 않습니다. 일을 즐기고 있기 때문입니다. 그런 사람은 목표한 것을 이룰 때까지 지치지도 않고 달려갑니다.

제가 하는 부동산 일에 있어서도 마찬가지입니다. 반드시 돈이 있어야 투자가 가능한 것도 아닙니다. 돈이 없으면 투자자를 모으면 됩니다. 중요한 것은 하고자 하는 일에서의 뚜렷한 목표입니다. 그리고 반드시 이루어내겠다는 순수한 열정이 필요합니다. 그리고 인용교 님처럼 그 일이 좋아져야 합니다. 좋아해야 그 일에 열정과 에너지를 쏟아부을 수 있습니다. 그렇게 해서 벼랑 끝에 나를 세우고 더 이상 물러나면 나락으로 떨어진다는 마음으로 한 번밖에 없는 인생을 담보로 걸고 일할 때, 그 결과는 어떻게 될까요? 그렇게 되면 결과는 좋아질 수밖에 없습니다. 안 되는 것이 오히려 기적입니다.

평택시 이충동 레포츠공원 축구장에서는 아침 6시면 함께 운동할 수 있습니다. 이곳에 귀감이 되는 이가 있어 소개해드리려고 합니다. 아침마다 매일 이곳에 나오는 40대가 되어가는 축구선수 출신의 범수라는 남성이 있습니다. 그는 고등학교 때까지 축구선수 생활을 해서 일반인들이 따라갈 수가 없습니다. 보통 축구선수 생활을 했더라도 운동을 하지 않고 20년이 지나면 일반인과 별 차이가 없습니다. 기본적으로 체력이 받쳐주지 않고, 자기관리에 소홀하면 결국 운동선수 출신도 일반인과 비슷해지기 때문입니다. 범수라는 친구는 고등학교 때 축구를 했지만, 지금까지 자기관리를 통해 그 실력을 유지하고 있습니다. 축구에서만큼은 누구에게도 지기 싫은 열정이 있습니다. 매일 나와서 운동하고, 자기관리를 한다는 것은 그만큼 성실해야 합니다. 또한 확실한 자기관리가 되어야 20년 동안 이렇게 축구를 할 수 있는 것입니다.

이런 열정을 가진 사람은 어떤 일을 해도 성공할 확률이 높습니다. 선수를 그만둔 지 20년이 넘었어도 꾸준하게 자기관리를 한다는 것은 어떤 분야에서든 최고가 될 수 있는 가능성을 가진 것입니다.

부동산 공부도 처음에는 어렵지만, 조금씩 포기하지 않고 계속 지식을 습득해나가고 경험을 쌓아가면 최고의 전문가가 될 수 있다고 생각합니다. 무엇보다도 지치지 않는 열정이 중요합니다. 저는 범수라는 친구의 꾸준함을 배우고 싶습니다. 20년 동안 새벽에 기상해서 6시면 운동을 한다는 것은 보통의 의지로는 유지하기 힘든 일입니다. 그런 노력이 있기에 40대가 되어도 최고의 운동선수라고 인정해줄 수 있는 것입니다.

부동산 투자도 마찬가지입니다. 부동산 투자로 당장 돈을 벌겠다고 뛰어드는 것도 중요할 수 있지만, 부동산 투자를 즐길 수 있길 바랍니다. 앞서 인용교 님이 남들이 하기 싫어하는 일을 자신이 좋아서 도맡는 것이나, 범수라는 친구가 축구가 좋아서 매일 6시에 거르지 않고 운동하는 것이나 마찬가지입니다.

여러분도 몰랐던 것을 하나하나 익히고 배워나가는 즐거움으로 부동산 투자를 장기간 즐겁게 할 수 있길 바랍니다. 이런 즐거운 투자가 다양한 경험을 만들고, 그 경험들은 당신이 보는 다양한 스펙트럼을 확장시킬 수 있는 동력이 되는 것입니다. 부동산 공부도 즐길 수 있는 마음가짐과 꾸준함, 그리고 식지 않는 열정이 있다면 이미 성공으로 가는 길목에 접어들었다고 생각하셔도 됩니다.

성공의 반은
만남에서 시작된다

1년 만에
10억 원의 주인공

지금까지 부동산 투자를 해오면서 만났던 사람 중에 저의 사업을 가장 잘 이해하고 잘 따라주었던 스마트한 '임 사장'이라는 건축업자가 있습니다.

사업만 15년 이상 했던 사람이고 제 사무실에 "여유 투자금이 5억 원 정도 있는데 좋은 땅을 소개받고 싶다"며 찾아왔습니다. 역시 사업을 하셨던 분이라 빈손으로 오지 않고 고급 양주와 과일을 양손 가득히 사서 오셨습니다. 그냥 오셨으면 1시간만 상담하고 마무리하려고 했는데, 양손 가득히 준비한 정성에 이야기하다 보니 3시간이 훌쩍 지나갔습니다. 제가 사업하는 방식이나 법인을 운영하는 방법, 땅을 고르는 방법, 땅을 매매하는 방법 등, 실전에서 겪었던 모든 것을 아낌없이 알려드렸습니다. 상담이 끝날 즈음 임 사장은 정중하고 결의에 찬 목소리로 말했습니다.

"대표님, 부탁이 있습니다. 제가 지금 건축업을 하고 있다가 건축 경기가 좋지 않아서 뭘 할까 고민했는데, 오늘 대표님을 만나고 확실히 제가 해야 할 일이 정해진 것 같습니다. 저도 대표님처럼 땅을 배워서 부자가 되고 싶습니다. 대표님 밑에서 1년간만 배울 수 있는 기회를 주시길 간곡히 부탁드립니다. 아침 일찍 나와서 청소도 해놓고 임장 가실 때 조용히 따라다닐 수 있도록 허락해주시면 은혜는 잊지 않겠습니다. 그리고 큰 땅을 매입하실 때 부담이 안 된다면 저도 같이 매입할 수 있는 기회를 주시면 충분히 그 대가는 지불하겠습니다."

"죄송합니다. 그렇게 해본 적이 없어서 부담되기도 하고요. 원하시면 필요한 땅에 대한 정보만 제공해드리도록 하겠습니다"하고 정중히 거절했습니다. 그런데 그다음 날 아침, 임 사장은 아침 간식을 준비해서 또 찾아왔습니다.

"대표님, 부담 갖지 마시고 다른 사람들 올 때 설명하시면 맨 뒤쪽에 조용히 앉아만 있겠습니다."

더 이상 거부하면 관계가 이상해질 것 같아서 그냥 그렇게 하라고 했습니다. 일주일 정도 오다가 지치면 스스로 그만두겠지 하는 생각이었습니다. 그런데 임 사장은 다른 사람들과는 달랐습니다. 매일 아침 수원에서 평택 사무실까지 제일 일찍 와서 청소를 깨끗하게 해놓고, 아침 미팅에 맞추어 간식까지 준비했습니다. 그리고 매일 임장을 갈 때 꼭 따라다니며, 열정과 배우려는 의지가 남달랐습니다. 직원들과 같이 임장을 갈 때나 저와 함께 임장을 나갈 때도 항상 함께했습니다. 임 사장은 열흘 정도 따라다니면서 같이 식사도 하고 물건도 보며 실제 계약하는 땅을 보면서 느꼈던 점을 제게 이야기해주었습니다.

"지금까지 살면서 집 짓는 일을 하고, 공인중개업도 겸해서 해보았지만 10년 동안 했던 일보다 열흘 동안 따라다니면서 보고 배운 것이 훨씬 더 많았습니다. 말로만 듣던 '땅을 반값에 사는 방법'을 대표님을 통해서 실제로 보니 더욱 확신이 섭니다. 저는 이곳에서 무조건 대표님만 따라다니면서 주군으로 모시고 대표님이 하라는 대로 하겠습니다."

진심을 담아 이야기한다는 것이 느껴졌습니다. 배우려고 하는 의지가 얼마나 강한지 느껴져서 더 이상 거절할 수가 없었습니다. 사실 임 사장은 남부러울 것 없는 사람입니다. 수원 광교신도시의 대형 아파트에 살고 있고, 다가구, 다세대 빌딩도 여러 채 소유한 사람입니다. 재산도 수십억 원을 가진 자산가로 이 정도면 보통 다른 곳에서 충분히 존경받고 대우받으면서 살 수 있는 여건임에도 불구하고 겸손한 마음으로 일을 배우겠다는 열정을 갖고, 밑바닥부터 새로 시작하는 마음으로 매일 아침 일찍 사무실에 출근해서 청소부터 미팅 준비까지 하는 모습에 '역시 사업을 했던 사람은 기본부터 다르다'는 것을 느꼈습니다.

보통 어느 정도 지위가 있고 경제적으로도 부족하지 않으면 굳이 남의 밑에서 배우는 것을 좋아하지 않습니다. 그러나 짧은 시간이지만 임 사장의 모습은 보통의 사람들과는 다르다는 생각이 들었고, 또한 건축 쪽의 일은 저도 모르는 것이 많기에 많은 도움이 되겠다는 생각에 우리 회사의 정직원으로 채용하는 것으로 결정했습니다. 사실 직원으로 채용은 했지만 무보수로 일하는 조건으로 이사의 직함을 주었습니다.

임 사장에서 임 이사로, 제 회사의 법인 이사로 일하면서 그동안 감추어졌던 부동산의 비밀들을 임 이사는 함께 임장을 다니면서 조금씩 배우기 시작했습니다.

임 이사는 건축을 해서인지 토목인허가 받는 것과 기초공사 시 인부들을 다루는 솜씨가 업자처럼 능수능란했고, 공인중개 사무소와 은행 대출 업무를 겸한 적이 있어 제가 하는 모든 일에 비서처럼 깔끔하게 정리정돈을 해주었습니다. 덕분에 저는 땅을 찾고 땅을 매매하는 것만 신경 쓸 수 있었습니다. 그러다 보니 일을 생각 이상으로 빠르게 진행시킬 수 있었습니다. 한 사람이 일을 저지르면 뒤에서 정리해주는 사람이 있기에 두렵지가 않았습니다. 혼자 일을 할 때는 땅을 살 때 10~20억 원 사이 정도의 사이즈만 다뤘는데, 임 이사가 뒤에서 일을 도와주어 30~50억 원짜리 땅도 겁 없이 매입하게 되었고, 개발해서 분할 후 매매하는 등, 정말 재미있고 신나게 일을 할 수가 있었습니다.

임 이사는 사실 굴러들어온 복덩이였습니다. 이렇게 헌신적으로 일을 하는데 어떻게 예뻐하지 않을 수 있을까요? 이런 임 이사에게 무보수 이사로 일하게 했지만, 몇 달이 지난 뒤 저는 임 이사에게 한 가지 약속을 해주었습니다.

"임 이사, 내가 1년 안에 순수익을 10억 원 이상 만들어줄게요. 앞으로 이곳에서 나와 함께 미래를 향한 꿈을 꾸어봅시다."

임 이사는 "대표님, 정말 감사합니다. 이렇게 대표님 옆에서 좋은 땅을 사서 파는 방법들을 배우는 것만으로도 감사한데 말씀만 들어도 감격스럽습니다"라고 했습니다.

"나를 믿고 따라오면 1년 안에 10억 원은 어렵지 않게 벌 수 있으니까 믿고 하라는 대로만 하시면 그대로 이루어집니다"라고 말하자 임 이사는 "저는 대표님이 사라고 하는 땅은 사고, 팔라고 하면 팔고, 지시하는 대로 하겠습니다"라고 화답해주었습니다.

1년이 지난 뒤 어떻게 되었을까요? 예상한 대로입니다. 임 이사는 토지 투자로 멋지고 행복하게 일을 할 수 있었고, 부동산에 관한 정보와 지식을 초고속으로 배워 법인 두 개의 대표이사가 될 수 있었습니다. 그리고 제가 보장했던 1년 뒤 10억 원이 넘는 수익 역시 이루어져, 자산은 수십억 원 이상으로 늘었습니다. 처음 임 이사가 우리 회사에 정식 채용될 때 제가 약속한 것을 지킬 수 있어서 너무나 기쁘고 행복했습니다.

이렇게 1년 동안 계속해서 땅을 매입하고 개발행위허가를 통해서 팔릴 수 있는 땅으로 만들기 위해 분필과 합필 토목공사들을 해가면서 실력을 쌓을 수 있는 시간이 있었기에 임 이사는 이제 토지 개발 분야에서는 누구에게도 뒤지지 않는 진짜 실력자가 되어 저에게 없어서는 안 될 중요한 인물이 되었습니다. 지금은 각자 맡은 업무가 있어 좋은 땅을 발견하면 권리분석은 대표인 내가 하고 각종 개발 인허가는 임 이사가, 물건지 방문 조사 매입 담당은 관리이사가, 등기에 관한 서류상 권리관계는 법무사 사무실과 용역 업무로 되어 있어 시스템적으로 체계가 완전히 잡혀 있습니다. 이런 체계적인 프로세스가 있기에 토지에 대한 매수, 매도 의뢰가 들어오면 10분도 안 되어 분석이 끝나 의사결정을 아주 신속하게 할 수 있습니다.

사실 좋은 땅은 오래 기다려주지 않습니다. 단 하루 만에 다른 사람들에게 뺏기기도 하고 뺏을 수도 있는 것이 토지 시장입니다. 매물로 나온 땅이 아무리 좋아도 이 땅이 좋은 땅인지, 나쁜 땅인지 분간할 수 없으면 헛일입니다. 항상 살까 말까 하는 결정 장애를 겪을 수밖에 없습니다. 몇천만 원짜리도 아닌 수억에서 수십억 원씩 하는 토지를 매수하는 것이기에 그 누구보다 신속하고 정확한 정보가 바탕이 되어야 하고, 향후 개발하고 성장하는 위치까지 시간이 얼마나 걸리고 속도가 얼마나 빠르게 진행되는지 분석이 되어야 결정을 할 수 있기에 누구나 망설일 수밖에 없는 것이 토지입니다. 그런데 이런 것을 아주 정확하게 10분 안에 비교 분석을 마칠 수 있다면 경쟁에서 이길 수밖에 없습니다. 100곳의 땅을 사면 100곳이 다 오르는 땅이 될 수밖에 없는 것입니다.

그럼 땅을 판단하는 기준은 무엇일까요? 사람들은 그 기준을 정확하게 알지 못하기에 답답해합니다. 아파트의 기준은 그 동네에 가보면 시세라는 것이 정해져 있기에 매수하는 데 두렵지가 않습니다. 아파트 기준가가 있기 때문입니다. 그런데 가공되지 않은 원형지 땅에 기준가가 있나요? 내가 산 땅 바로 옆에 붙어 있는 땅값과 3배 이상 차이가 나는데도 왜 차이가 나는지 이해하지 못하는 것이 토지 시장입니다.

땅은 용도지역에 따라 천차만별이기에 판단 기준을 세우려면 수많은 경험과 지식, 안목을 바탕으로 입지를 정확하게 분석할 줄 알아야 합니다. 이것을 알려면 수없이 많은 신도시나 산업단지가 만들어지는 개발지의 다년간 지가 상승 흐름에 대한 데이터의 축적과 경험이 절대적으로 필요하기에 일반인들이 접근하기가 매우 어렵고, 잘못하다가는 10년 이상 묶이는 땅을 샀다는 이야기의 주인공이 되기도 합니다.

이런 토지 투자가 어렵다는 것을 알고 있는 임 이사는 저와의 만남을 통해 짧은 시간에 축적된 분석기술을 배울 수 있었고, 이제 새로운 도전과 목표를 저에게 제시합니다.

얼마 전, 임 이사는 저에게 조용히 다가와 이런 말을 했습니다.

"대표님, 15년 뒤 저의 목표는 1,000억 원 자산가가 되는 것입니다."

　남들이 들으면 허황된 꿈을 꾸는 돈키호테 같은 사람이라고 놀릴 수도 있지만, 제가 생각하는 임 이사는 이 목표를 충분히 이루고도 남을 사람입니다. 과연 임 이사는 1,000억 원의 자산가가 될 수 있을까요? 긍정 에너지가 있는 임 이사의 가능성에 99점 이상 점수를 주고 싶습니다.

내 인생을 바꾼
오픈마인드 님과의 만남

- 필자를 만나 삶이 변화된 어느 투자자의 기고문

지금까지 살아오면서 가장 힘이 들 때 저의 손을 잡아준 분이 있습니다. 가장 힘들 때라고 하는 것은 육체적으로 지치고 피곤한 상태, 정신적으로 스트레스를 받아 고통 속에 있을 때를 말하지 않습니다. 그냥 아무런 희망도 없고 꿈도 꿀 수 없는 상태가 가장 힘든 상태입니다. 주식 투자로 모아놓은 돈을 모두 날리고 아무런 꿈도, 희망도 가질 수 없는 상태에서 더 이상 꿈을 꿀 수 없고 다시 시작할 용기를 잃어버려 자포자기한 삶을 살고 있을 때, 오픈마인드 님이 잠자고 있는 저의 열정을 일으켜 세워주셨습니다. 그리고 더 이상 희망은 내 인생에서 사치라고 생각할 때 다시 그 사치를 꿈꿀 수 있는 용기를 주셨습니다.

오픈마인드 님은 사실 곤충 사업을 하면서 알게 된 분입니다. 당시 그분은 곤충 사업을 아주 독특하게 하셨고 전국 매출 5% 안에 드는 우량 농업인으로, 평택시에서 곤충 시범 사업자로 선정될 정도로 한 유능한 곤충 사업가셨습니다. 마케팅도 전문적으로 배우셔서 블로그와 네이버 광고, 바이럴 마케팅까지 섭렵해서 곤충을 배우고자 하는 수많은 사람들이 찾아와서 배우고, 분양받고 하는 모습을 지켜보면서 그냥 부럽다는 생각만 하고 있었습니다. 그러다 우연히 오픈마인드 님의 초대로 농장을 방문하게 되었고, 그분의 직업을 보며 깜짝 놀랐습니다. 그분은 곤충 사업만 하시는 분이 아니었습니다. 낮에는 곤충 사업을 하시면서, 휴대폰 가게를 운영하고 계셨고, 보험회사에서 일하면서 동시에 부동산 일까지 하고 계셨습니다. '어떻게 저렇게 열심히 삶을 살 수 있을까?' 하는 생각에 제 자신이 부끄러워졌습니다.

그분의 이야기를 들으면서 저의 정신이 블랙홀처럼 빨려 들어가는 경험을 했습니다. 젊은 시절, 보험회사에서 연도대상을 탄 이야기를 들을 때 저는 가슴이 뛰었고, 곤충 사업을 하면서 1년에 상상 이상의 수입을 올리는 마케팅 이야기를 들을 때는 가슴이 터져 나가는 것 같았습니다. 그리고 부동산을 통해 부자가 되는 이야기를 들을 때는 꿈과 희망을 잠시 접어둔 제 가슴속에서 끓어오르는 벅찬 무엇인가를 경험했습니다. 주식 투자의 실패로 부자의 꿈을 접고 살았던 저의 깊숙한 곳에서 무언가가 꿈틀거린 시간이었습니다.

그러면서 이제 보험회사도 그만두고, 휴대폰 가게도 접고, 곤충 사업은 규모를 대폭 줄이고, 오로지 부동산에 전념해야겠다고 하셨습니다. "그동안 평택 땅을 사면서 경험했고 공부했던 지식으로 이제 부동산에만 전념하려고 하는데 너도 한번 공부해볼래?"라고 저에게 말해주셨습니다. 사실 얼마나 기다렸던 말인지 모릅니다. 아무것도 모르는 초보에게 손을 내밀어준 것이 얼마나 감격스러운 일이겠어요. 오픈마인드 님은 저에게 좋은 제안을 해주셨습니다.

"봉규야, 내가 사려고 한 땅이 있었는데 첫 투자할 땅을 너에게 선물로 줄게. 이 땅은 정말 욕심나는 땅인데 내가 양보하고 너에게 주는 거야" 하면서 안성 스타필드 뒤쪽의 양진중학교 바로 앞에 있는 땅을 주셨습니다.

"전체 계약 금액은 2억 원인데 대출이 나와서 현금 5,000만 원만 있으면 될 거야."

당시 제 수중에는 1,000만 원밖에 없었지만 이 기회를 놓치고 싶지 않았습니다. 그래서 당시 여자친구에게 부탁을 해서 함께 땅을 사자고 설득했고, 그렇게 저는 첫 번째 토지 투자를 하게 되었습니다. 오픈마인드 님은 여자친구와 저에게 결혼 선물로 주는 땅이라고 하면서 축복해주셨습니다.

매입 후 이 땅을 8개월 만에 팔아야 하는 사정이 생겨 오픈마인드 님께 부탁을 드렸는데, 8개월 만에 실투자 금액의 220%의 수익을 남겨주셨습니다. 이 땅은 평당 125만 원에 사서 8개월 만에 185만 원에 매도해 세전 1억 2,000만 원의 수익이 발생했습니다. 사정상 비록 1년 안에 팔아 세금으로 50% 이상 나갔지만, 그래도 이런 엄청난 수익을 단기간에 올릴 수 있는 부동산의 위력과 희망을 볼 수 있는 경험이었습니다. 지금까지 비트코인도 해보았고 주식도 해보았지만 이런 신기루 같은 일이 또 있을까요?

저는 이 경험을 통해 제가 가야 할 길이 이미 정해져 있음을 느꼈습니다. 그래서 오픈마인드 님께 부동산을 배울 수 있도록 간절히 부탁했습니다. 그분은 부담이 되셨는지 지금 하는 일 그대로 하면서 시간이 나는 대로 공부하고 현장 답사하고 임장을 다니면서 확신이 설 때 해도 늦지 않는다고 하셨습니다. 그래서 틈틈이 공부도 하고 그분이 주시는 임장 정보를 보고 미팅할 때 따라다니기도 하면서 실력을 쌓아갔습니다. 따라다니면서 지켜본 오픈마인드 님의 상담 능력은 타의 추종을 불허합니다. 보험을 오랫동안 하셔서 그런지 사람들의 마음을 설득시키는 기술은 이미 이 분야에서 최고라고 해도 과언이 아니었습니다. 객관적인 자료와 향후 개발되어갈 때 일어나는 현상들까지 조목조목 이해하기 쉽게 풀어가는 그분만의 화법은 다른 사람들이 따라 하기 힘든 레벨인 것 같습니다.

　오픈마인드 님과 시간을 보내면서 참 많은 땅을 사고파는 과정을 지켜보았는데, 그분은 그야말로 '토지의 초고수'라고 해야 할 것 같습니다. 오를 수 있는 땅을 아주 정확하게 짚어냅니다. 샀다가 단 하루 만에 땅을 파는 것도 보았습니다. 거의 대부분 1년을 넘기지 않습니다. 마음만 먹으면 언제든지 사고파는 것을 떡 주무르듯이 할 수 있는 분이라는 것을 따라다니며 느꼈습니다. 실제로 제가 첫 투자한 땅도 8개월 만에 실투자금 5,000만 원으로 1억 2,000만 원의 수익을 만들어주신 것만 봐도 어떤 땅을 사서 언제 팔아야 하는지 땅의 핵심을 아는 분입니다. 이것이 가능한 이유는 입지분석, 권리분석을 정확하고 꼼꼼하게 하시기 때문인 것 같습니다. 그 지역에 대해서 몇 개월간 공부하고, 조사하며, 확인하고, 지역 조사를 마치면 지점을 찾습니다. 그 지역 중에 어느 지점이 개발되고 성장하는지 예측합니다. 저가에 매수해서 현 시가에 파는 일정한 패턴을 가지고 운영하기에 지금까지 100곳이 넘는 땅을 매입하고 매매했지만 단 한 곳도 오르지 않은 땅이 없었습니다. 1~2년 만에 대폭 오르는 땅들도 있었습니다.

한번은 법인을 여러 개 운영하는 회장님께서 찾아오셨습니다. 이분 또한 땅을 보는 눈이 예리하고, 경험도 많은 분이셨는데, 법인에 사정상 어려운 일이 생겨 땅을 팔지 못하면 2개월 뒤에 파산할 수도 있다며 다급히 찾아오셨습니다. 가지고 있는 모든 토지대장을 리스트로 정리해 가지고 오셨는데 당시 매입한 금액만 보더라도 120억 원가량 되었습니다. 주변 공인중개 사무소에 내놓아 보았지만 아무도 해결해주지 못했다고 말씀하시면서 땅을 팔아달라고 부탁하셨고, 오픈마인드 님이 몇 개월 만에 토지대장에 있는 모든 땅을 해결하는 것을 보고 경악을 금치 못했던 경험이 있습니다.

일반적인 상식으로 접근하는 것이 아니라 개발행위허가를 통해 일반인들이 쉽게 매입할 수 있는 환경과 땅의 모양을 만들면서 처리해나가는 기술을 바로 옆에서 지켜볼 수 있었던 것이 저에게는 행운이었습니다. 토지를 배우고자 하는 분들은 오픈마인드 님의 유튜브 영상을 보시면 좋을 것 같습니다. 대본도 없이 몇 시간씩 강의료 한 푼 받지 않고 모르는 분들에게 전부 가르쳐드리려는 열정은 감동을 자아냅니다.

그분은 강의를 정말 잘하십니다. 한번은 서울 강남 야나두 강의실에서 강의하신 적이 있는데, 코로나 시기라 많은 분들을 초대하지는 못했고, 한 번에 50명씩 선착순으로 오후 3시에 50명, 저녁 7시에 50명으로 나누어 강의가 진행되었습니다. 무료로 하면 사람들이 너무 무분별하게 신청할까 봐 교육비를 1인당 10만 원씩 받았습니다. 선입금을 원칙으로 해서 강의를 진행했고 강의는 성황리에 마칠 수 있었습니다. 그런데 오픈마인드 님께서 교육을 하기 전, 저를 부르시더니 5만 원짜리로 1,000만 원을 인출해서 고급봉투를 준비해 그 안에 10만 원씩 넣어놓으라고 하시는 것이었습니다. 어떤 용도로 사용하시려는지 물었더니 "받은 교육비를 그대로 돌려주자"라고 하시는 것이었습니다. 처음 일을 같이할 때 저는 이런 것을 이해하기가 어려웠습니다. 그러나 함께 일을 하다 보면 그분의 인성을 알 수 있기에 그다지 놀랄 일도 아니었습니다. 생활 속에서 이런 베푸는 일을 수시로 하기에 이번 일도 가능한 것이라는 생각이 들었습니다.

교육을 마치고 교육비를 다시 돌려준다고 하니 교육생들의 표정이 어떠했을까요? 교육장에 환호와 박수가 터져 나왔습니다. 어떤 분은 만세까지 불렀습니다. 두 번의 강의 모두 교육비를 되돌려주셨고 진심을 다해 토지 교육을 한 시간이었습니다.

'놀면서 일하자, 그리고 베풀며 살자!'

오픈마인드 회사의 사훈입니다. "혼자만 아는 정보는 사장된다. 그러나 그것을 공개하고 사람들에게 알려주면 지금 당장은 손해인 것 같지만 나에게 더 크게 돌아온다"라는 말을 해주신 것도 기억이 생생합니다.

꿈이 없는 사람에게 꿈을 심어주고, 보이지 않는 것을 보이게 해주시는 분, 그런 분과 함께한다는 것이 행복합니다. 우리끼리 욕심부리지 말고 조용히 1년에 3~4개의 땅을 사고팔며 살자던 계획이 유튜브에 정보를 공개하면서부터 점점 일이 커지기 시작했습니다. 가끔 "이런 고급정보를 왜 그냥 주냐? 선생님은 뭐가 이득이냐?" 하고 물으시는 분들이 있습니다. 오픈마인드 님은 주변 사람, 그리고 이웃에게 좋은 정보가 있으면 공유하고 이야기해주며 행복을 느끼는 분이기에 가능한 일입니다. 임장 중 공인중개 사무소에 가서도 열정적으로 공인중개사분들에게 꼭 이곳은 집중해서 살펴보시라고 조언해주시고, 가능하면 땅을 사놓으시라고 현장에서 교육도 하십니다.

가끔 '공자, 맹자가 세상의 이치를 깨달았다면 이분은 개발이 되는 대한민국의 부동산 이치를 깨달으신 분이구나' 하는 생각을 해봅니다. 오픈마인드 님을 따라다니면서 상상했던 일들이 현실이 되어버린 현재의 저를 보며 역시 어떤 만남은 한 사람의 인생을 변화시키기도 함에 감사하며 살아갑니다.

아무것도 없었던 제가 신도시에 살면서 외제차를 타고, 수십억 원 자산가가 될 수 있도록 만들어주셔서 진심으로 감사하다는 말씀을 전하고 싶습니다. 다시 한번 이 책을 빌려 제 인생의 터닝포인트를 만들어주신 오픈마인드 님께 진심으로 감사드립니다.

소망이 깊으면 반드시 이루어진다는 말씀을 항상 기억하며 살겠습니다. 평소 말씀드리고 싶었던 것을 글로 대신합니다.

– 땅에 미친 농부 드림

성공은 만남으로부터 시작된다

2019년 9월의 어느 날이었습니다. 임장을 다니며 안성 곳곳에 숨겨진 호재를 찾느라 동분서주하고 있을 때, 한 통의 전화를 받았습니다.

"혹시 유튜브를 하시는 오픈마인드 님이신지요?"

"네, 맞습니다. 어떤 일로 전화를 하셨는지요?"

"부동산 유튜브를 보다가 오픈마인드 님을 알게 되었는데, 목소리를 들어보면 진실한 사람이라는 것이 느껴졌습니다. 가지고 있는 땅을 개발해서 매매하려고 하는 계획이 있어서 오늘 꼭 만나뵙고 상의를 드리려고 전화를 하게 되었습니다."

저는 이런 전화들이 하루에도 너무 많이 와서 정중하게 거절했습니다.

"제가 좀 바빠서 만나기는 어려울 것 같아요. 먼저 가지고 계신 지번을 알려주시면 나중에 확인하고 다시 전화를 드릴게요."

"전화상으로 말씀드릴 이야기가 아니기에 시간을 꼭 좀 내주셨으면 좋겠습니다."

"그럼 혹시 가지고 계신 땅이 어디에 있는 땅인가요?"

"가지고 있는 땅이 좀 많은데, 거의 대부분 안성맞춤IC 주변 대로에 있는 땅들입니다."

맙소사! 제가 그렇게 찾고 있었던 곳이 안성맞춤IC 주변의 땅이었는데 이곳 땅을 가지고 있는 지주가 직접 전화를 한 것입니다. 저는 그것도 모르고 만남을 회피했던 것입니다.

"그럼 오후에 평택 사무실로 오세요. 명함 보내드릴게요."

안성맞춤IC 부근에 임장을 다니며 나와 있는 땅이 있는지 공인중개 사무소에도 들르고, 주변에 수소문해도 좋은 땅이 없어서 낙심하고 있는 차에 땅의 주인을 만난 것입니다. 오후가 되자 전화를 주셨던 지동식 대표님이 직원 세 분과 동행해서 오셨습니다. 직원들과 함께 오셨기에 상당한 규모의 토지가 있으신 분이라는 것을 직감했습니다. 대표님은 가지고 있는 토지 전체 필지를 보여주시면서 이곳의 땅들을 개발해서 팔려고 하는데 제 도움이 절실하게 필요하다고 했습니다. 다른 공인중개 사무소 쪽으로 알아보았지만, 이것을 처리해주는 곳이 없었는데, 저라면 충분히 해결할 수 있을 것 같아서 이렇게 찾아왔다고 하셨습니다.

지동식 대표님께서는 가지런히 정리된 토지대장 리스트를 건네주시면서 대부분 위치가 좋은 땅들이고, 자신은 토지를 보는 눈은 있는데 파는 재주가 없어 이렇게 부탁을 드린다고 말씀하셨습니다. 전체 토지대장을 확인해보니 매입 당시 금액으로 전체 금액이 100억 원이 넘었고, 20개가 넘는 필지를 가지고 계셨습니다. 부동산 지도로 위치를 확인해보니 지금까지 제가 찾아다니던 위치였습니다. 거의 대로변에 딱 붙어 있는 잘생긴 땅들이었고, 38번 국도변과 안성종합운동장 주변 대로변 땅들이었습니다. 큰 땅, 작은 땅이 골고루 섞여 있고 잡종지, 전, 답 같은 다양한 필지로 구성이 되어 있지만, 호재의 중심에 있고 입지가 너무 좋아 개발행위허가를 통해 필지를 나누고 모양을 좋게 만들어 매매하면 파는 사람이나 사는 사람이나 윈윈할 수 있을 것 같았습니다.

"대표님, 이 땅들 제가 책임지고 처리하겠습니다. 현재 공인중개 사무소에 매매로 내놓았다면 모두 취소하시고, 온전히 제게 맡겨주시면 석 달 안에 100억 원 되는 모든 땅을 처리하겠습니다."

확신에 찬 목소리로 강하게 어필하면서 지금까지의 제 모든 이력을 설명해드렸습니다. 그리고 향후 어떤 전략으로, 어떻게 개발하고 홍보해서 전체 땅을 매매할 수 있을지에 대한 방안을 속 시원하게 설명해드렸습니다. 지동식 대표님도 저의 시원스러운 답변에 만족하셨는지 "그럼 내놓은 물건들을 모두 거둬들이고 오픈마인드 님께 전속으로 맡기겠습니다. 믿고 맡길 테니 처리 좀 잘 부탁드립니다."

"대표님, 걱정하지 마세요. 결과로 보여드릴게요. 단, 개발행위허가를 매수인들 이름으로 해야 하기에 토지사용승낙서나 개발행위허가 신청할 때 필요한 동의서를 수락만 해주시면 됩니다."

지동식 대표님과 헤어진 뒤 전체 토지 리스트를 다시 확인해보았습니다. 지번 하나하나 정확하게 다시 확인해보니 믿을 수 없을 만큼 좋은 땅들이 리스트에 담겨 있었습니다. 3,600평가량 되는 농지와 2,300평 잡종지, 자연녹지, 전, 답들과 진흥지역 농지도 금액 대비 위치가 매우 좋은 땅들이 나열되어 있는 것을 보고 2

년 안에 2배는 충분히 올라갈 땅이라는 확신이 들었습니다. 더구나 아직 일반인들 눈에는 이곳은 감추어진 호재였기에 향후 1년만 지나면 호재가 자연스럽게 드러나고, 서울-세종고속도로 안성맞춤IC 공사가 시작되면 수요는 더욱 많아질 것이라는 예상이 가능했습니다. 이렇게 큰 평수의 땅은 개발행위허가를 신청해서 필지를 예쁘게 만들어 단지 내 도로도 만들고 각각 300~400평 정도 분할하면 일반인들도 접근이 가능하리라 생각되었습니다. 머릿속에는 벌써 어떻게 개발할 것인지 설계도뿐만 아니라 이것을 누구에게 어떻게 홍보해서 분양할 것인가 하는 것도 그려졌습니다.

당시 안성은 지역 특색이 강하고, 개발하려고 하는 의지가 없고, 있는 철도도 없앤 곳이라는 인식 속에 너무 저평가를 받고 있었습니다. 인구도 18만 명에서 수년째 답보 상태이고, 대기업이 들어오지 않는 경기도에서 유일하게 철도가 없는 도시가 안성이라는 시각이 대세였습니다. 그러나 제가 안성에 대해 조사를 하면 할수록 '1~2년 안에 수면 위로 올라올 대형 호재들이 겹겹이 쌓여 있는 곳인데 이렇게 조용할 수가 있나?' 하는 의심까지 들 정도로 안성의 토지가격은 저렴했고 매력 있는 땅이었습니다.

2019년 당시 종합운동장 4차선 대로변에 있는 땅이 평당 100만 원 정도 되었고, 도로에서 약간 들어가 있는 땅들이 40~50만 원 정도 했는데, 2022년 현재 호가는 4차선 대로변이 평당 300만 원, 한 블록 안쪽에 있어도 평당 120~150만 원 이상 하고 있는 것을 보면 당시 권리분석이 아주 정확했고 예리했다는 것을 알 수 있습니다. 2019년 당시, 서울-세종고속도로 안성맞춤IC 주변에 대해 다양한 각도로 분석했고 분석한 영상을 30편 이상 올렸습니다.

지금은 18만 명이지만 안성의 인구는 향후 35만 명까지 증가

될 것이라고 합니다. 인구 증가는 곧 일자리 증가입니다. 그렇다면 안성에 어떤 일자리가 생기는지 조사해보니 15개 이상의 산업단지가 현재 진행되고 있고, 계획된 산업단지도 상당했으며, 용인 SK하이닉스가 안성시에서 3.5km 위치에 떨어져 있는 원삼면에 개발되기에 배후 수요는 안성으로 몰릴 것이 자명했습니다. 이에 안성은 성장할 수밖에 없는 지역이라는 판단이 섰던 것입니다. 더구나 서울-세종고속도로가 지나가는 길목에 안성에만 네 개의 IC가 개통이 되고, 특히 평택부발선이 안성을 거쳐가며, 수도권내륙선 철도인 동탄에서 청주공항으로 이어지는 길목에 안성이 있기에 안성의 발전을 예상할 수밖에 없었습니다.

안성의 호재에 대해 정리해보면 철도가 두 개가 개통될 예정이고, 서울-세종고속도로IC가 안성에만 네 개가 개통 예정이며, 용인 SK하이닉스의 배후지역으로 낙점되었고, 일반산업단지가 열다섯 개 이상 추진되고 있습니다. 또한, 스타필드 안성이 들어왔고, 평택과 인접해 있는 공도가 평택의 영향으로 도시가 확장되고 아파트값이 올라가는 추세에 있었습니다. 이러한 것을 종합해보면 성장을 할 수밖에 없다는 결론이 나옵니다. 그중에서도 가장 땅값이 오를 지역이 어디인지 권리분석을 하기 위해 6개월 동안 안성지역을 돌아다니면서 분석해보니 안성시 고삼면과 보개면이 가장 땅값이 올라갈 것으로 예상되었고, 특히 안성맞춤IC가 개통되면 안성의 모든 교통의 유동성은 바로 이곳 안성맞춤IC로 형성될 것이라는 결론이 나와 안성맞춤IC 주변 토지를 찾았던 것입니다.

2개월 안에 100억 원이 넘는 땅을 매각해야 하기에 해당 필지를 정확하게 분석하고, 실수요자들이나 투자자들이 보기에 매력이 넘치는 가격과 모양을 만들기 위해 토목사무실과 협의하며, 법무사를 통해 등기에 관한 권리를 보존받을 수 있도록 법무계약도 하고, 각종 기술용역업무를 준비하며, 각종 개발행위허가를 통해 토지를 합필하고 분할해서 누가 보더라도 마음에 들 수 있는 땅으로 만들었습니다.

유튜브를 통해 안성의 숨겨진 호재를 낱낱이 공개하고 향후 안성이 어떻게 발전할지 논리적으로 알 수 있는 호재와 소식들을 알려주었습니다. 시간이 지날수록 사람들의 관심은 대단했습니다. 서울-세종고속도로의 공사가 진행되는 속도에 맞추어 관심이 더욱 고조되었고, 특히 안성으로 빠지는 안성맞춤IC의 영향은 전국에 있는 투자자들의 귀에까지 들어가게 되었던 것 같습니다. 역시 방송의 위력은 대단했습니다. 앞에서 이야기한 안성의 호재들을 바탕으로 자세하게 분석한 방송을 했기에 관심도는 더욱 높아졌고, 주말이면 안성으로 투자자들이 몰리면서 한가했던 공인중개 사무소가 갑자기 몰린 투자자들로 인해 어리둥절했다는 이야기가 들리기도 했습니다.

이렇게 투자자들이 안성 보개면 쪽으로 몰리면서 안성의 지가는 수직 상승했습니다. 불과 몇 달 만에 60~70만 원 하던 땅들이 갑자기 100만 원이 넘어가는 땅들이 되었고, 개발 압력으로 인한 수요는 폭발적으로 증가하게 되었습니다. 용인 SK하이닉스의 배후지역이 안성이라는 소식이 확산되면서 안성의 토지 거래가 더욱 활발해졌습니다. 안성의 감추어져 있던 호재가 드러나면서 지동식 대표님이 사놓은 땅은 개발행위허가를 내면서 준공이 나기도 전에 매도 계약을 할 수 있었습니다.

이렇게 쉽고 빠르게 매도 처리를 할 수 있었던 것은,

첫째, 땅의 입지가 워낙 좋았습니다.

둘째, 가격이 적당했습니다.

셋째, 각종 호재와 미래가치가 충분히 있었고 개발을 통해 매매할 수 있는 적절한 크기로 땅 모양을 만들었기에 인기가 있는 땅이 되었던 것입니다.

아무리 호재가 있고 위치가 좋아도 평수가 수천 평이나 되고, 가격도 30~40억 원 하는 토지를 쉽게 매수할 수 있는 사람은 많지 않습니다. 그러나 모양을 만들어 개개인들이 살 수 있는 300~400평으로 개발해서 만들면 쉽게 매도할 수가 있습니다. 지동식 대표님이 맡겨주신 땅은 농업진흥지역 땅만 남겨놓고, 100억 원에 가까운 땅들을 2개월 만에 모두 매도할 수 있었습니다.

덩치가 큰 땅들을 개발행위허가를 받고 적당한 크기로 잘라 매수자들이 원하는 크기로 만들고 가치를 부여하니 땅이 살아 움직이는 것처럼 보였습니다. 제 눈에도 이렇게 땅 모양이 예쁜데, 하물며 땅을 찾는 사람들에게는 얼마나 예쁜 땅이었을까요? 비뚤었던 모양이 똑바로 펴지고 잡초가 무성했던 곳이 황토색 흙으로 평평하게 되어 생동감이 있는 땅으로 변하고 나니 매수자들이 모여들어 2개월 안에 모든 필지를 정리할 수 있었습니다. 이런 신뢰가 바탕이 되어 지동식 대표님은 좋은 땅을 매수하면 저에게 제일 먼저 물어보시고, 향후 지가에 대한 예상과 언제쯤 매도타이밍을 가져가야 하는지 의논하는 아주 가까운 사이가 되어 서로 윈윈하며 토지개발사업에서 도움을 주는 좋은 관계가 지금도 유지되고 있습니다.

기회는 좋은 만남으로부터 시작된다는 사실을 경험한 값진 사례였습니다. 여러분도 만남을 소중하게 여기시기를 바랍니다.

PART

3

오르는 땅은
이미 정해져 있다

오르는 땅은 이미 정해져 있다

　제가 토지 투자를 할 때 원칙이 몇 가지가 있습니다. 그중 한 가지는 대규모 신도시, 대규모 산업단지가 계획되어 있는 곳에 주로 투자한다는 것입니다. 토지 투자를 망설이는 사람들의 이야기를 들어보면 대부분 잘 몰라서, 그리고 땅에 대한 정보가 없어서 어렵다고 합니다. 그리고 위험하다고 합니다. 왜 그럴까요? 땅을 잘 몰라서 그렇습니다. 땅을 잘 알면 그런 염려를 할 필요도 없겠지만, 어렵다고, 모른다고 포기하면 아무것도 할 수가 없고, 당연히 수익도 창출할 수가 없습니다.

　사실 어렵기 때문에 매력이 있습니다. 쉬우면 누구나 다 할 수 있기에 가치가 떨어집니다. 반대로 말하면 몰라서 어렵지, 알면 쉽다는 이야기입니다. 알면 토지 투자가 얼마나 큰 수익이 있는지 이른바 돈이 되는지, 장기 투자도 있지만 단기 투자도 토지를 알면 상상 이상으로 수익을 만들어내는지 알 수 있습니다.

도시의 성장에는 일정한 성장 패턴이 존재합니다. 당연히 지가 상승도 패턴에 따라 움직입니다. 개발이 되는 곳의 일정한 패턴만 알아낼 수 있다면 보물지도를 가지고 있는 것이나 마찬가지입니다. 1억 원으로 50억 원, 100억 원을 5년 안에 만들 수도 있습니다.

　제가 사실 권리분석했던 지역들을 살펴보면 화성의 송산그린시티나 용인 원삼면에 들어오는 용인 SK하이닉스 주변이나 안성 토지 그리고 평택, 모두 우리나라 토지 시장에서 가장 열기가 뜨거운 지역입니다. 제 유튜브 영상을 꾸준하게 보신 분들은 아실 수도 있지만, 2년 전 개발이 되기 전부터 이곳의 이슈들과 주변 토지들에 대해서 400개가 넘는 영상들을 올려드렸습니다. 이 영상들을 참고해서 과감하게 송산이나 용인 원삼면이나 안성의 토지에 투자하셨다면 아마도 좋은 결과로 이어지지 않았을까 예상합니다.

　송산, 용인 원삼면, 안성, 평택 이 네 곳은 아주 중요한 특징이 있습니다. 그래서 저는 이런 곳에 먼저 선투자를 합니다. 이곳의 특

경기도 평택시 고덕국제신도시 조감도　　　　　　　　　출처 : 평택시 유튜브

징을 보면 대규모 산업단지가 들어옵니다. 소규모가 아니고 대규모입니다. 대규모 산업단지가 들어오면 자연스럽게 도시가 형성됩니다. 왜 도시가 형성될까요? 대규모 산업단지는 사람들이 일을 하는 곳입니다. 직장이 만들어지는 현장이라는 것입니다. 그 산업단지 내에는 수많은 기업들이 입주하고, 기업들은 수많은 사람들을 고용할 것입니다. 사람이 모인다는 것은 그 주변 인구가 늘어난다는 이야기이고, 인구가 늘면 도시가 만들어집니다. 도시는 땅 위에 만들어지고 산업단지 주변 땅은 한정되어 있는 면적이기에 그 땅을 확보하려고 시행사, 건설사, 건축사와 같은 투자자들이 몰려 땅값을 올려놓습니다. 이렇게 되면 지극히 평범했던 땅의 용도지역이 바뀌어 상업지역, 주거지역과 같은 값 있는 땅으로 신분이 바뀔 수도 있습니다.

제가 생각하는 토지 투자의 장점 중 하나는 불안하지 않다는 사실입니다. 개발되는 현장에 있는 땅은 계속해서 땅값이 올라갑니다. 정부에서 공식적으로 매년 공시지가라는 것으로 올려줍니다. 사실 현 시가는 공시지가보다 몇 배는 더 비싸게 올라갑니다.

내가 잠을 자거나 여행을 할 때도 땅값은 계속 올라갑니다. 내가 사놓은 땅을 누가 훔쳐갔는지 걱정 안 해도 되고, 내 땅이 밤새 평안했는지, 내 땅이 금융위기로 가격이 떨어졌는지 걱정하지 않아도 됩니다. 또한, 그냥 서류상 등기가 되어 있는 내 땅을 소유했다는 이유로, 나중에는 내 인생을 바꾸어놓는 소중한 꿈의 발판이 될 수도 있다면 이것처럼 가치가 있는 게 또 있을까 생각해봅니다.

개발되는 주변에 땅을 사놓으면 나는 가만히 있는데 개발이라는 이름으로 주변 환경이 바뀌기 시작합니다. 도로가 포장·확장되고, 가로수가 심어지며, 그 주변으로 건물들이 지어지고, 차량이 늘어나며, 다니는 사람들이 늘어나고 상권이 형성되면 아무것도 하지 않은 원형지 내 땅값은 천정부지로 오르게 되어 있습니다. 다만 그 기간이 길 수도 있지만 제가 선정했던 땅들은 거의 3년 안에 결정되었던 것 같습니다. 그만큼 땅을 볼 수 있는 안목이 있어야 하는데, 이것은 사실 이론으로만 배워서 되는 것은 아닌 것 같습니다.

처음 농지에서 개발계획 발표부터 실제 토지 보상이 이루어지고, 토목공사가 시작되어 공단이 만들어지며, 주변에 신도시 택지가 개발되고, 협력업체 산업단지들이 만들어지며, 철도역이 발표되고, 고속도로계획이 발표되는 이러한 일련의 과정들을 직접 눈으로 확인하고 겪으면서 땅값이 얼마부터 시작해서 얼마까지 올라갔는지 도시지역 내의 땅값이, 관리지역 내의 땅값이 몇 년 안에 얼마나 올랐는가 하는 데이터를 머릿속에 달달 외워놓아야 선점할 수 있는 기회가 생길 것입니다.

기회는 공평하게 찾아오지만 그 기회를 내 것으로 만들 수 있는지는 순전히 자신에게 달려 있습니다. 기회는 항상 찾아옵니다. 다만 내가 준비되지 않았을 뿐입니다. 실력을 갖추고 준비된 자는 그 기회의 주인공이 될 자격이 있는 것입니다.

거꾸로 투자 - 쌀 때 사서 비싸게 파는 방법

서울에서 투자 상담으로 고객분이 찾아오셨습니다.

"대표님, 어떻게 하면 토지 투자에 성공할 수 있을까요?"

저는 호탕하게 웃으며 말했습니다.

"방법은 의외로 간단합니다. 쌀 때 사서 비쌀 때 팔면 바로 수익입니다."

"에이, 그건 누구나 아는 상식이잖아요"라며 실망한 표정을 합니다. 누구나 아는 상식인데 그 상식의 기준을 지키지 못하는 사람이 대부분입니다. 그럼 쌀 때는 언제일까요? 그리고 비쌀 때는 언제일까요? 질문의 내용을 풀어보도록 하겠습니다.

먼저, 쌀 때는 언제일까요? 아마도 땅값이 쌀 때는 개발 호재도 없고, 경기도 안 좋으며, 부동산은 폭락한다는 뉴스로 도배가 되고, 금리는 오를 때, 이때 사람들은 투자를 하지 않습니다. 호재가 있는 지역인데도 불구하고 투자를 하지 않습니다. 너도나도 물건을 내놓으며 팔려고 해도 사려는 사람은 없고 경기는 최악이라는 소문이 무성해집니다. 향후 경기의 불확실성으로 미래를 예단할 수 없기 때문에 일단 투매를 합니다. 그러나 진정한 투자자는 이럴 때 기회를 잡습니다. 어차피 경기의 사이클은 반복되며 돌아가기 때문입니다. 좋을 때가 있으면 나쁠 때가 있고, 나쁜 시기가 계속 가는 것도 아니고 반드시 경기는 상승하기에 그때를 위해 성공한 투자자들은 과감하게 경기가 좋지 않을 때 투자를 합니다.

IMF 시기에 외국인들이 우리나라 우량 주식을 싹쓸이하고 좋은 빌딩들을 쇼핑할 때, 국내 부자들 중에도 인생에 단 한 번 있을까 말까 한 기회임을 직감하고 부동산을 사들인 투자자들이 많습니다. 정확한 분석으로 우리나라의 제조업 지수나 경제 규모를 파악한 사람들은 결코 우리나라가 나락으로 떨어지는 일은 없다는 것을 예상해서 투자를 선행했고, IMF는 2년 만에 졸업하게 되었습니다. 결국 남들이 무서워할 때 싼 부동산들을 주워 IMF를 졸업하고 경제가 회복된 후 비싸게 팔았습니다.

그렇다면 비쌀 때는 언제일까요? 부동산 가격이 급등하고 있다는 뉴스가 매일 들려오고, 코스피지수는 최고점을 돌파하며, 서울 아파트 가격은 멈추지 않고 올라가고, 온 동네가 들썩거리며, 3기신도시 발표에 GTX철도 노선이 연일 발표되고, 전세가가 폭등하며, 갭 투자로 수익을 남기는 사람이 많아지고, 분양 시장에서 몇백 대 일, 몇천 대 일이 쏟아지는 그때, 사람들은 부동산에 관심을 둡니다.

누구는 얼마에 사서 얼마에 팔고 얼마를 벌었다는 이야기는 구매 의지를 자극하고, 어디가 개발된다는 소식은 식은 가슴에 불을 지피는 훌륭한 불쏘시개 역할을 합니다. 아무것도 안 하면 나만 뒤처진다는 생각이 들고, 아무리 직장생활 해봐야 인플레이션을 막지 못하고 월급이 오르는 것보다 아파트값 오르는 것이 훨씬 빨라 도저히 월급 모아서는 절대 아파트 한 채 구입할 수 없다는 생각이 들며, 경기의 상투 또는 꼭대기가 되었을 때 사람들은 투자를 생각합니다.

어쩜 이렇게 한결같은 패턴인지 신기하기까지 합니다. 하지만 곰곰이 생각해보면 이미 충분히 올랐는데 뒤늦게 투자에 참여하면 어떻게 될까요? 부동산 투자는 한참을 올라갔으면 계속 끝없이 올라가는 것이 아니라 정체기가 생깁니다. 한 번 텀을 두고 한참 동안의 정체기나 하락이 일어날 수도 있습니다. 그때 들어가면 오랜 답보 상태가 이어집니다. 그럼 이렇게 이야기합니다.

"역시 투자는 쉬운 게 아니야."

자, 어떤가요? 여러분들은 쌀 때, 그리고 경기가 안개와 같이 불투명할 때 투자를 하셨나요? 아니면 비쌀 때, 경기가 호황이고 지표는 하늘을 뚫고 올라가는 시기에, 신문과 방송에서 가격 급등이라는 말이 연일 이어지는 때 투자를 하셨나요? 대부분 우리는 마법과 같이 두려움에 길들여져 있어 어려울 때 투자하지 못합니다. 호황일 때 불나방같이 투자에 뛰어듭니다. 부자들과는 정반대의 투자를 하고 있습니다. '내가 투자를 하면 꼭 떨어진다'라는 말이 그래서 나옵니다. 주변에 보면 "다른 사람은 다 오르는데 내가 사면 꼭 떨어진다"라고 말하는 사람들이 있습니다. 정확하게 따져보면 이런 확실한 이유가 있습니다.

다시 정리해보면, 가격이 쌀 때는 사람들의 관심이 없을 때이고 투자적인 성격으로 보면 각종 호재나 수요와 공급이 수면 아래 감추어져 있을 때입니다. 이럴 때 권리분석을 해서 한 발짝 더 앞서 나가 수요와 공급을 예측하고, 인구의 이동이나 출산율, 산업단지의 유치나 신도시의 개발계획 지구 단위 도시개발계획 같은 움직임을 포착하고 선투자할 때 싼 토지를 매입할 수 있습니다.

각종 투자 호재가 풍부한 지역 내에서도 지점을 찾는 것은 매우 중요합니다. 예를 들어 "서울에 호재가 많으니까 서울에 투자하면 돼"라고 한다면, 도대체 서울의 어디에 투자해야 할지 결정할 수가 없습니다. 서울 중에서도 강남, 강남 중에서도 역삼동, 역삼동 중에서도 역삼 사거리 1km 반경 중심으로 찾겠다와 같이, 아주 구체적으로 지점을 포착해야 성공적인 투자를 할 수 있습니다. 그래야 흔들리는 바람에도 굳건히 투자의 기준을 잡고 갈 수 있습니다.

투자를 하다 보면 투자의 지점을 설정해놓고 기다리고 있다가 원하는 땅이 나오지 않을 때 주변에서 부추겨 전혀 고려하지 않은 땅을 사고 후회하는 사람들도 많습니다. 투자는 한 번에 큰 비용과 많은 시간이 걸리므로 지점 결정을 했으면 주변의 말에 휘둘리지 않아야 좋은 매물을 찾을 수가 있습니다. 노련한 사냥꾼은 사냥감의 뒤를 쫓아가는 것이 아니라 사냥감이 지나가는 길목에서 새벽까지 기다린다고 합니다. 기다리다 보면 사냥감은 반드시 옵니다. 준비된 사냥꾼 앞에서 사냥감은 훌륭한 먹잇감이 되는 것입니다. 미래의 훌륭한 먹잇감을 얻기 위해 여러분은 어떤 준비를 하고 있나요? 새벽이슬을 맞으며 오늘도 준비된 먹잇감을 잡으려는 노력을 하고 있나요?

토지는 다른 방법이 없습니다.

1. 호재가 풍부한 지역이 개발되는 초기에
2. 쌀 때 사서
3. 비싸게 팔면 됩니다.

그 이상, 그 이하도 없습니다. 오르는 땅은 이미 정해져 있기 때문입니다.

땅을 고르는
여섯 가지 핵심 방법

  토지 투자를 처음 하는 사람들이 고민하는 것이 한 가지 있습니다. 지금 사려고 하는 땅의 가격이 적정 가격인지 구분이 어렵다는 것입니다. 싸게 사는지, 비싸게 사는지 기준을 잡을 수 없기에 대부분 망설이고 아무리 좋은 땅을 소개해줘도 불안해집니다. 상가나 아파트는 주변에 물어보면 대략 기준가를 잡을 수 있지만, 토지는 미래가치를 보고 사야 하기에 구분하기가 매우 어렵습니다. 그렇다고 감으로 무턱대고 살 수는 없습니다. 금액도 몇억 원씩 주고 사야 하는 토지이기에 사고 난 후 팔리지 않으면 장기간 자금이 묶이게 됩니다.

  토지를 고를 때 제일 먼저 확인해야 하는 여섯 가지가 있습니다. 이것만 숙지한다면 토지 고르는 데 달인이 될 것입니다.

땅을 고르는 여섯 가지 핵심 방법

1. 토지이용계획확인원을 정확하게 보고 해석합니다
- 용도지역, 지목, 평수, 행위 제한 등을 봅니다.

2. 입지를 확인합니다
- 주변에 개발되는 곳에서 얼마나 떨어져 있는지, 향후 유동성이 얼마나 되는지, 도시나 산업의 확장성을 예상합니다.

3. 도로를 확인합니다
- 사려고 하는 땅에 도로가 붙어 있는지, 붙어 있다면 그 도로가 공도인지 사도인지, 구거나 시유지가 그 땅과 붙어 있는지를 확인합니다.

4. 건축이 가능한지 확인합니다
- 건축을 하기 위해서는 개발행위허가가 나야 하는데 기본적으로 도로와 배수로가 있어야 허가가 납니다. 그래서 좀 까다롭다 싶은 것은 바로 토목사무실에 연락해서 개발행위허가가 나올 수 있는지 확인할 수 있습니다.

5. 주변에 실거래가 신고된 내역을 확인합니다
- 밸류맵, 땅야, 부동산플래닛 같은 사이트에서 주변 토지 거래 내역을 충분히 확인해서 내가 사려고 하는 곳의 땅값이 적정 가격인지 꼭 확인해야 합니다.

6. 향후 개발하면 지가 상승을 바로 시킬 수 있는지 확인합니다

- 절토나 성토를 통해서 땅을 예쁘게 만들면 짧은 시간 내에 지가 상승을 시킬 수 있는지 머릿속으로 그려봅니다.

이러한 내용을 정확하게 숙지하고 해석할 수 있다면 정말 문제가 될 것이 전혀 없습니다. 이것보다 더 정확하게 분석할 필요도 없습니다. 최소 이 정도만 구분한다면 기획 부동산 회사에 당할 염려도 없고, 매입하는 기준가를 확인할 수 있어서 좋으며, 향후 미래가치에 대한 분석도 가능하기에 사는 것이 두렵지도 않고 전혀 문제가 되지 않습니다. 이런 기본적인 지식이 없이 토지를 사려고 하니 판단하기가 어려운 것입니다. 몇백만 원짜리를 사는 것도 아니고 몇억 원씩 주고 사야 하는 것이기에 고민에 또 고민을 하겠지요? 이런 분석 능력을 갖추고 있다면 기회가 수시로 찾아옵니다.

보통 기회는 일생에 몇 번밖에 오지 않는다고들 합니다. 하지만 토지 투자를 정석으로 공부하고 배운 사람에게 기회는 수시로 옵니다. 남들 10년 벌어야 할 연봉을 단 1년에도 가능합니다. 이런 기회가 토지 시장에 널려 있는데 기술이 없어서 기회를 놓쳐버리게 되는 것입니다. 앞에서 이야기한 토지를 판단하는 여섯 가지 핵심 방법만 익힌다면 평생을 걱정 없이 살 수 있고 더불어 많은 사람을 돕고 사랑받으며 존경받는 사람으로 살 수 있다는 것을 장담합니다.

저는 평택시에서 아마추어 탁구 1부에 등록되어 있습니다. 탁구는 7부가 새내기이고, 단계가 올라갈수록 실력이 높은 사람들입니다. 1부에 등록해서 탁구를 친다는 것은 30년 동안 탁구장에서 살아야 가능하다고 합니다. 그만큼 1부에 올라가는 것이 힘들다는 이야기입니다. 저는 레슨도 받고 시합도 해서 실력을 쌓았고 어깨 수술을 두 번이나 받기도 했습니다. 그런 과정을 통해 1부에 올라갔기에 6부나 7부에서 치는 사람들에게 1부인 사람이 조금만 시간을 내서 가르쳐주면 너무 고마워합니다. 레슨을 마치면 음료수도 사다주고 고맙다고 연신 인사합니다. 돈을 버는 일이 아닌 스포츠를 가르쳐줘도 고맙다고 연신 인사하는데, 돈이 되는 토지를 알려주고 가르쳐주며 해석해준다면, 그래서 좋은 땅을 살 수 있게 도와준다면, 당신은 평생 누군가의 은인이 될 수 있습니다.

사랑받고 존경받는 사람이 되고 싶은가요? 그럼 토지를 고르는 여섯 가지 핵심 방법을 반드시 숙지하기를 바랍니다. 결국 오르는 땅은 이미 정해져 있습니다.

오르는 땅 매도 사례
길게 붙어 있어 좋은 땅(화성시 장외리)

소재지	경기도 화성시 서신면 장외리(349평)
매입 가격	4억 1,880만 원(평당 120만 원)
매도 가격	5억 5,800만 원(평당 약 160만 원)
대출	2억 8,000만 원
실투자금	1억 3,880만 원
매도 기간	8개월
수익률	100%
결과	8개월 만에 실투자금 1억 3,880만 원으로 세전수익 1억 3,920만 원

투자자 여러분들은 어떤 생각을 하시면서 땅을 사나요? 그냥 아무 생각 없이 땅만 사놓으면 언젠가는 오르겠지 하는 막연한 생각으로 사지는 않나요? 저는 팔 것을 생각하고 땅을 삽니다. 땅을 매입한다는 것은 사실 엄청난 리스크가 따르기에 고민할 수밖에

없을 것입니다. 땅을 샀는데 10년 이상 지나도 땅값이 오르지 않으면 고스란히 돈이 묶이는 사달이 날 수 있기 때문입니다. 그래서 땅을 살 때는 언제쯤 팔 수 있을지를 나름대로 예상하고 사야 합니다. 저 같은 경우에는 살 때 이미 1년 안에 팔 수 있는 위치의 땅을 삽니다. 그러려면 기획 부동산처럼 산속 깊은 곳에 위치한 땅이라든지, 농사만 지을 수 있는 농업진흥지역의 땅 같은 곳은 아예 제외시켜버립니다. 이런 곳은 팔리지도 않겠지만 팔아도 원망을 듣는, 토지 투자에서는 하지 말아야 할 항목입니다. 1년 안에 되팔 수 있는 땅이 되려면 입지가 좋아야 합니다. 누가 보더라도 인정할 수 있는 위치의 땅이어야 하고 호재가 풍부하며 곧 개발이 시작된다는 뉴스와 정책들이 쏟아지는 곳이어야 합니다. 이런 입지의 땅 중에서도 가격이 저평가되어 있는 땅을 골라서 사는 것이 기술입니다.

사서 1년 안에 되판 땅 중 화성시 서신면 장외리 땅에 대해 분석해보겠습니다. 이 땅을 심도 있게 분석할 줄 아는 사람은 다른 땅도 분석할 줄 아는 사람입니다. 이 땅은 제부도로 가는 2차선 도

경기도 화성시 서신면 장외리 소재지 위치   출처 : 카카오맵

경기도 화성시 서신면 장외리 2필지 349평 계획관리 대지   출처 : 카카오맵

로에 딱 붙어 있는 땅입니다. 송산에서 제부도로 가는 길은 318번 4차선 도로와 장외리를 거쳐가는 제부로 도로밖에 없습니다.

이곳을 중점적으로 본 이유는 제부도로 들어가는 구길이기 때문입니다. 지금은 사용 빈도수가 높지 않지만, 곧 제부도 해상 케이블카가 오픈하게 되면 지금 살려고 하는 땅 앞으로 지나갈 수밖에 없다고 분석했습니다. 제부도 해상 케이블카는 여수 해상 케이블카보다 더 긴, 우리나라에서 가장 긴 해상 케이블카로 2,120m 길이로 개발됩니다. 모세의 기적이라고 하는 제부도에 해상 케이블카가 오픈되면 관광산업이 충분히 발달될 수 있고, 향후 송산그린시티 개발로 인해 인구가 채워지면 이곳이 더욱 부각되리라는 것을 예상할 수 있었습니다. 이런 호재가 있기에 관광객들이 몰려올 것이고, 코로나가 종식되는 시기에 맞추어 관광객 유입과 더불어 지가 상승이 예상되었습니다.

이 땅을 선택했던 몇 가지 이유를 정리하면 이렇습니다.

첫째, 땅 모양이 도로 따라 가로로 88m 전면에 붙어 있는 장점이 있어 식당이나 카페, 편의점 같은 시설을 해도 되고, 임대를 해도 경쟁력이 있을 것으로 예상되었습니다. 도로에 길게 붙어 있는 땅은 나중에 출구전략에도 좋습니다. 도로에 붙어 있는 면적이 길다 보니 세 개 정도로 분필을 해서 팔 수 있기에 매도하기가 쉽습니다.

둘째, 계획관리 땅이라 건폐율과 용적률이 충분해서 실사용자들이 주로 많이 찾을 수 있습니다. 2차선 도로에 직접적으로 붙어 있어 활용도가 높고, 광고효과도 매우 뛰어난 장점이 있습니다.

셋째, 이미 대지로 전용한 상태라서 대지 전용비가 절감되고, 또한 공시지가가 평당 96만 원으로 가치가 상당히 부여되어 있는 땅입니다.

넷째, 도로 전면에 시유지가 붙어 있어 130평을 거의 무료로 사용할 수 있는 구조로 되어 있어 시유지를 주차장으로 사용해도 되고, 진입로로 활용해도 효율적인 면이 높아 기대가 되는 토지입니다.

전체 349평을 평당 120만 원으로 전체 계약 4억 1,880만 원에 등기했습니다. 4억 1,880만 원 중 대출을 2억 8,000만 원을 받아 실제 현금 투자는 1억 3,880만 원이었습니다.

이 땅은 정확히 2020년 8월 13일에 4억 1,880만 원에 등기해서 2021년 4월 6일에 5억 5,800만 원에 매도해 8개월 만에 실투자 금액 1억 3,880만 원으로 세전 1억 3,920만 원의 수익을 거둘 수 있었습니다. 수익률은 100%입니다.

이처럼 권리분석만 잘해도 감추어져 있는 땅을 확보할 수 있습니다. 현지에 가서 주변 공인중개 사무소에 물어보니 2022년 4월 기준, 도로에 잘 붙어 있는 땅은 평당 200만 원 가까이 간다고 이야기합니다.

개발 압력이 높을수록, 유동성이 많아질수록 지가 상승은 예견 되어 있는 것이 상식입니다. 상식이 기본이 되려면 토지에 대한 권리분석, 입지분석이 1순위입니다. 이 땅도 이미 오르는 땅으로 딱 정해져 있는 위치에 있습니다. 시간이 지나면 오르는 땅의 비밀이 풀리게 되는 아주 좋은 땅입니다.

오르는 땅 매입 사례
코너에 붙은
주거지역(안성시 양지리)

소재지	경기도 안성시 미양면 양지리
용도지역	주거지역
평수	약 563평
평단가	약 125만 원
매입 가격	7억 1,410만 원

경기도 안성시 미양면 양지리 소재지 위치

출처 : 카카오맵

경기도 안성시 미양면 양지리 소재지 위치　　　　출처 : 카카오맵

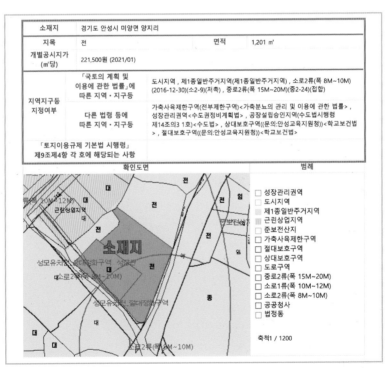

소재지	경기도 안성시 미양면 양지리		
지목	전	면적	1,201 ㎡
개별공시지가 (㎡당)	221,500원 (2021/01)		
지역지구등 지정여부	「국토의 계획 및 이용에 관한 법률」에 따른 지역·지구등	도시지역 , 제1종일반주거지역(제1종일반주거지역) , 소로2류(폭 8M~10M)(2016-12-30)(소2-9)(저촉) , 중로2류(폭 15M~20M)(중2-24)(접합)	
	다른 법령 등에 따른 지역·지구등	가축사육제한구역(전부제한구역)<가축분뇨의 관리 및 이용에 관한 법률> , 성장관리권역<수도권정비계획법> , 공장설립승인지역(수도법시행령 제14조의3 1호)<수도법> , 상대보호구역((문의:안성교육지원청))<학교보건법> , 절대보호구역((문의:안성교육지원청))<학교보건법>	
	「토지이용규제 기본법 시행령」 제9조제4항 각 호에 해당되는 사항		

확인도면　　　　　　　　　　　　　　　　　　　　　범례

□ 성장관리권역
□ 도시지역
□ 제1종일반주거지역
▨ 근린상업지역
□ 준보전산지
□ 가축사육제한구역
□ 절대보호구역
□ 상대보호구역
□ 도로구역
□ 중로2류(폭 15M~20M)
□ 소로1류(폭 10M~12M)
□ 소로2류(폭 8M~10M)
□ 공공청사
□ 법정동

축척1 / 1200

경기도 안성시 미양면 양지리(563평)　　　　出처 : 경기부동산포털

서울-세종고속도로 개통으로 안성이 최대의 수혜지역이 될 것이라는 소문이 돌기 시작하면서 안성의 땅값이 움직이기 시작할 때 안성시 미양면에도 호재인 미양일반산업단지 개발과 70번 지방도로가 4차선으로 확장된다는 발표가 있었고, 공사가 시작된다는 소식을 동네 이장님을 통해서 전해 들었습니다.

　70번 지방도로는 천안 성환에서 안성으로 올라오는 지방도로입니다. 대전에서 관리하는 70번 지방도로는 성환을 거쳐 안성 미양면까지 공사를 할 때 같이 4차선으로 넓혀주기로 했었습니다. 이런 사실들은 마을 이장님이 가장 잘 알고 계십니다. 개발 호재나 공사 진행 사항도 이장님들만 모이는 회의가 있다 보니 모든 정보는 이장님을 통해서 나오게 되어 있습니다. 미양면에 가서도 제일 먼저 이장님을 찾아뵙고 인사를 드린 후, 미양면에 관한 모든 소식을 전해 들을 수 있었습니다. 현재 진행되는 미양산업단지 착공 소식이나 70번 지방도로의 공사 시점 같은 부동산에 직접 영향을 받을 수 있는 정보들이었습니다.

　도로가 2차선에서 4차선으로 확장된다면 그만큼 차량의 통행량이 많아지고 있다는 근거가 되는 것입니다. 특히 70번 지방도로는 성환에서 안성으로 들어오는 첫 관문이 미양면이고, 미양면을 지나면 18만 평이 개발되는 SK스마트코어폴리스산업단지 앞으로 70번 지방도로가 연결되게 되어 있고, 이 도로를 따라 가면 안성경찰서, 안성소방서, 안성천변으로 이어지면서 안성시청까지 논스톱으로 갈 수 있어서 매우 중요한 도로입니다.

　이런 미양면사무소 바로 맞은편의 주거지역에 있는 땅이 나왔습니다. 면사무소 행정타운과 붙어 있는 땅이라고 해도 과언이 아닌 입지입니다. 더구나 현재 70번 지방도로의 2차선에 물려 있는 땅이기에 보면 볼수록 탐이 나는 땅입니다. 향후 확장이 되더라도 수용이 되지 않습니다. 이유는 매입하려고 하는 땅 앞에 시유지와 국유지가 있어서 시유지와 국유지까지 도로확장 시 수용이 되는 금싸라기 땅인 것입니다.

더구나 미양면 행정타운 사거리 모퉁이에 붙어 있는 최적의 입지이기에 뭘 해도 되는 땅이고, 자손 대대로 물려줘도 아깝지 않은 땅입니다. 이런 땅이 평당 125만 원 정도밖에 하지 않고 건폐율 60%로 개발할 수 있는 1종일반주거지역이고, 이미 일부는 대지로 전환되어 있어 공시지가만 해도 평당 90만 원이 넘는 황금 같은 땅입니다.

이런 곳은 향후 평당 500만 원은 어렵지 않게 올라갑니다. 계획되어 있는 산업단지가 개발되고 기업이 들어서며 회사원들이 입사하면 면소재지 중심으로 개발이 먼저 되기에 서울 같으면 강남의 1번지라고 할 수 있는 입지를 가진 땅입니다.

평택에서 이와 비슷한 확장공사 사례가 있습니다. 바로 평택 소사벌에서 원곡방향으로 가는 만세로라는 도로가 2차선에서 확장

확장 전(평택시 청룡동 만세로)　　　　확장 후(평택시 청룡동 만세로, 현재)
출처 : 카카오맵 로드뷰

되어 4차선 이상으로 만들어졌는데 땅값이 폭등했습니다. 도로확장 전 도로 주변 땅값이 평당 250만 원 정도 했는데 확장 후 보니 평당 700~800만 원 합니다. 차량 통행량도 너무 많아 도로변으로 각종 근생시설들이 들어와 있고, 심지어 스타벅스 커피숍도 들어올 정도로 도로 주변이 변화되었습니다.

아마 향후 미양면 주변도 10년 정도 지나면 충분히 그럴 수도 있겠다는 생각이 듭니다. 천안에서 올라오는 유일한 도로이고 주변에 개정산업단지, 미양2일반산업단지, SK스마트코어폴리스산업단지가 70번 지방도로로 연결되어 있고, 이 모든 산업단지가 4km 내에 위치해 있기에 산업단지가 본격적으로 분양되면 인구는 넘쳐날 것입니다.

투자는 이렇게 확장이 예상되는 지역에 해야 합니다. 이런 지역은 너무도 확실하기 때문에 투자 시 걱정할 필요가 없습니다. 다만 입지분석만 정확하게 하면 됩니다. 더 오르고 덜 오르는 차이만 있을 뿐, 결코 물리지 않는 땅들이 될 것입니다. 결국 이런 땅도 오르기 전에 사야 투자 가치가 있습니다. 도로가 개설되기 전에, 산업단지가 착공되기 전에, 개발 호재들이 소문나기 전에, 선제적인 투자를 해야 낮은 가격에 매입할 수 있습니다.

결국 얼마나 많이 발품을 팔고 얼마나 많은 정보를 쟁취하며 얼마나 빨리 과감하게 결정하느냐에 따라 낮은 가격의 토지를 매입할 수 있는 것입니다.

다시 한번 정리해보면, 70번 지방도로가 4차선으로 확장되고, 매입하는 토지가 미양면 행정타운 맞은편에 위치해 있고, 용도지역은 도시지역 내 1종일반주거지역 대지이며, 주변 4km 반경에 개발되는 크고 작은 산업단지들이 확정고시가 되어 있고, 가장 중요한 매입 가격이 평당 120만 원대이면, 매입해야 하나요? 고민해야 하나요? 이 정도 입지조건이면 망설일 필요가 전혀 없습니다. 빚을 내서라도 매입해야 합니다. 이런 위치의 땅은 이 지역에서 여기가 유일하다고 해도 과언이 아닙니다. 이런 곳에 스타벅스나 맥도날드 같은 프랜차이즈점이 들어온다고 해도 전혀 이상하지 않습니다. 차량의 유동성만 많아지면 이런 곳은 어떤 장사를 해도 손해 보지 않는 입지를 가지고 있습니다. 대형 프랜차이즈점 입지를 조사하는 사람들은 한 달 동안 차량의 통행량이나 사람들이 이동하는 분포도를 파악해서 결정합니다.

제가 권리분석이나 입지분석을 장시간 동안 해보니 충분히 이해가 갑니다. 처음에는 분석도 안 되고 땅을 볼 수 있는 안목이 없다 보니 헷갈리기도 하고 망설이기도 하는 등 결정 장애를 겪을 수밖에 없었습니다. 하지만 다양한 경험과 지식이 쌓이고 남들이 모르는 정보를 찾다 보니 땅을 볼 수 있는 안목이 생겼습니다. 지금도 열심히 토지 투자를 꿈꾸고 계신 분들이 있다면 실력을 키우시길 바랍니다.

공인중개 사무소에 가서 땅을 찾아달라고 부탁하는 것도 중요하지만, 그것보다 더 공격적으로 자신 있게 투자할 지역을 선정했다면 이제 투자할 지점을 찾아야 합니다. 그 지점을 찾고 입지분석을 위해 현장에서 땀을 흘려보는 수고가 필요합니다. 남들이 다 해놓은 땅을 소개받는 것은 그만큼 좋은 땅을 살 수 없다는 결론이 나옵니다. 그만큼 비싸게 사야 하기도 합니다. 좀 더 저렴하게 사야 수익률이 높아집니다. 좀 더 저렴하게 사려면 발품을 팔아야 하고, 남들보다 더 많은 정보를 취득해야 하며, 남들보다 더 빠른 입지분석을 해야 합니다. 그래야 개발되기 전의 땅을 살 수 있습니다. 오르는 땅은 이미 결정되어 있기에 결정되어 있는 오르는 땅을 언제 사느냐는 매우 중요한 포인트가 됩니다. 개발된다는 정보를 캐치했다면 땅은 오르기 전에 사야 합니다.

5년 동안 오르지 않았던 미양면에 위치한 1종일반주거지역 563평의 땅을 아주 낮은 가격으로 매수할 수 있었던 것도 권리분석과 입지분석의 중요한 결과물이라고 할 수 있습니다.

매수한 지 1년이 지난 이 땅은 벌써 2배가 넘는 호가를 이루고 있습니다. 이런 곳은 땅값이 지속적으로 올라갈 것으로 예상됩니다.

이미 오르기로 결정되어 있는 땅! 땅은 이런 곳에 사야 합니다.

오르는 땅 소개 사례 ①
핵심 요충지(화성시 두곡리)

소재지	경기도 화성시 마도면 두곡리(공단교차로 부근)
용도지역	자연녹지 임야
평수	400평
평단가	200만 원
매수가격	8억 원

경기도 화성시 마도면 두곡리 소재지 위치   출처 : 카카오맵

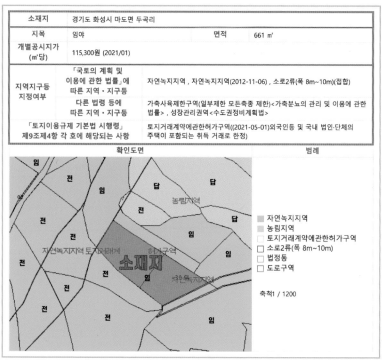

소재지	경기도 화성시 마도면 두곡리		
지목	임야	면적	661 m²
개별공시지가 (m²당)	115,300원 (2021/01)		
지역지구등 지정여부	「국토의 계획 및 이용에 관한 법률」에 따른 지역·지구등	자연녹지지역 , 자연녹지지역(2012-11-06) , 소로2류(폭 8m~10m)(접합)	
	다른 법령 등에 따른 지역·지구등	가축사육제한구역(일부제한 모든축종 제한)<가축분뇨의 관리 및 이용에 관한 법률> , 성장관리권역<수도권정비계획법>	
「토지이용규제 기본법 시행령」 제9조제4항 각 호에 해당되는 사항		토지거래계약에관한허가구역((2021-05-01)외국인등 및 국내 법인·단체의 주택이 포함되는 취득 거래로 한정)	

확인도면   범례

- 자연녹지지역
- 농림지역
- 토지거래계약에관한허가구역
- 소로2류(폭 8m~10m)
- 법정동
- 도로구역

축척 1 / 1200

경기도 화성시 마도면 두곡리(400평)   출처 : 토지이음

경남 진주에서 근무하시는 김영수라는 분이 찾아오셨습니다. 오픈마인드 유튜브 방송을 꾸준하게 시청하는 구독자라고 소개하시면서 오늘 시간이 되면 꼭 만나고 싶다고 간청하셔서 미팅을 하게 되었습니다. 사실 이렇게 당일에 전화해서 막무가내로 오시면 굉장히 곤란합니다. 이미 다른 일정이 있을 수도 있고 계획에 없던 일이기에 되도록 만나지 않으려고 하지만, 이분은 멀리 진주에서 오셔서 그냥 내려보내면 마음에 걸려 미팅을 할 수밖에 없었습니다. 이미 사무실에서 퇴근을 했고, 집에서 쉬고 있었기에 집으로 초대했습니다. 지금까지 집으로 초대하는 경우는 거의 없었는데 멀리 지방에서 오셨고, 너무나 간절한 목소리에 그냥 보내

지 못했습니다.

송산그린시티 주변의 투자할 물건에 대해 이야기를 했고, 약 10억 원 정도 안쪽에서 알아보고 있다고 하면서 추천해달라고 부탁하셨습니다. 마침 송산그린시티 1,700만 평 개발지 중에서 남측지구 184만 평이 개발되는 4차산업혁명지원지구 산업단지 앞에 잘 알고 있는 지인의 물건이 있어 소개해주었습니다. 이 땅은 원래 농림지역 임야였는데, 입안이 되면서 도시지역 자연녹지로 용도지역이 2019년에 상향되었습니다. 자연녹지로 상향되었기에 웬만한 근생이 가능한 지역이 되었습니다. 전원주택, 카페, 식당, 소매점, 사무실, 창고, 제조장까지 허가가 가능한 용도로 바뀌었고, 입지가 현재는 2차선 도로로 되어 있지만 향후 4차선 이상 넓혀질 도로 앞에 붙어 있는 땅이기에 더욱 가치가 있다고 판단했습니다. 원 지주는 처음 입안되기 전, 전체 면적 809평을 평당 110만 원에 사서 허가 후 네 개의 필지로 분할해 평당 200만 원에 판다고 했고 매수자를 소개해달라고 했습니다. 이 땅에 대한 권리분석, 입지분석을 미리 해놓았기에 충분히 가격 경쟁력이 있다는 판단에 김영수 님에게 소개해주었습니다.

김영수 님은 아직 시골인데 평당 200만 원은 너무 비싼 것 아니냐고 질문하셔서 2차선 대로변에 붙어 있는 땅 중 현재 이렇게 저렴하게 나온 땅이 없다고 말씀을 드렸고, 또한 산업단지 정문에서 마도면 사무소로 내려가는 길목에 위치해 있는 2차선 대로변이기에 향후 이런 곳은 평당 500만 원이 넘어갈 것이므로 자신 있게 추천했습니다.

김영수 님은 진주에 내려가는 것을 포기하고 그다음 날 현장에 직접 가서 물건을 확인해보고 결정하겠다고 하셨습니다. 아침 일찍 평택에서 화성으로 올라가 물건지 위치와 송산그린시티 주변 전체를 투어하면서 성심성의껏 송산그린시티 개발에 관한 모든 것을 현장에서 알려드렸습니다. 물건지에서부터 산업단지까지는 고작 700m 정도 되었고, 물건지에서 마도 도심까지 600m밖에 떨어져 있지 않았으며, 특히 산업단지에서 빠져나오는 최대의 공단 교차로까지는 300m라는 최고의 입지를 자랑하는 토지라는 점을 깊이 있게 알려드렸습니다. 결국 견물생심이라고 직접 눈으로 확인시켜드린 후 "김영수 님, 아직도 비싸다고 생각하시나요?" 하고 여쭈어보았습니다.

"물건지를 보지 않았을 때는 좀 비싸다고 생각했는데 직접 보니 확실히 좋은 땅이라는 것이 느껴지네요. 오늘 계약하고 내려가겠습니다."

경상도 사람이라 성격이 화끈했습니다. 당시에는 땅값이 계속 상승하는 시기였기에 조금 비싸다고 느낄 수 있었지만, 지금 현재 이곳은 2년이 채 되지 않았는데 평당 400만 원까지 올라갔습니다. 이곳 도로변 땅은 부르는 게 값이 되어버렸습니다. 가끔 수십억 원 하는 큰 땅은 나오지만, 수백 평 하는 도로변에 붙어 있는 작은 땅은 없습니다. 향후 산업단지 분양이 완료되고 기업이 유치되어 고용이 증가되고 인구가 늘어나면 가격은 한 번 더 올라갈 것입니다.

오르는 땅은 이미 정해져 있기에 당연합니다. 땅값이 오르는 메커니즘을 이해할 수 있다면 토지 투자는 그렇게 어렵지 않습니다. 개발되는 땅은 일정한 법칙이 있고, 이런 법칙을 이해해 논리적으로 정립하고 데이터화시킬 수 있다면 실패하지 않는 투자를 지속할 수 있습니다. 한 가지 확실한 것은 대형 산업단지 근접 토지는 한정된 토지이고, 한정된 토지는 희소성이 있기에 이런 토지는 부르는 게 값이 되어버린다는 것입니다. 땅은 이런 곳에 투자해야 합니다. 이미 산업단지가 완성되어 있는 곳을 찾아가서 다음의 사항들을 꼭 두 눈으로 확인하고 분석해보십시오.

· 산업단지에서 나오는 도로는 몇 차선으로 확장되어 있는가?
· 산업단지에서 나오는 도로는 어디를 향하고 있는가?
· 산업단지에서 나오는 차량의 유동성은 어느 정도 되는가?
· 산업단지에서 나오는 길목에 있는 도로변 토지들의 지가는 평당 얼마 정도 하는가?
· 산업단지에서 나오는 도로변의 근생시설들은 어떤 형태로 구성되어 발전되었는가?
· 산업단지 주변의 근생 상가들이 죽어 있는가? 활성화되어 있는가?
· 산업단지 주변에 오피스텔, 생숙, 지식기반센터 같은 것들이 세워져 있는가?
· 산업단지 주변 주거지역으로 얼마나 확장시켰고 공동주택은 들어와 있는가?

이런 것들을 꼼꼼하게 확인하고 하나하나 체크해나가다 보면 내가 현재 보고 있는 산업단지의 미래를 확인할 수 있습니다.

지금은 산업단지 주변이 논이고 밭이며 임야이지만 산업단지에 기업이 들어오고 사람들이 몰려오면 산업단지 주변 도로부터 정비되어 2차선 도로가 4차선 이상으로 확장될 것입니다. 확장된 4차선 도로 주변으로 각종 근생시설들이 들어오고, 다가구·다세대주택들이 세워지며, 각종 창고, 제조장 같은 창고형 공장도 생겨나고, 유동성이 많아져 도로를 이용하는 차량이 증가하게 되면서 주변은 복잡해지고 수익을 창출하려는 상가들의 활성화가 급속도로 이어지는 결과로 나타납니다. 그래서 산업단지 인근의 토지는 그렇게 오랜 시간이 지나지 않더라도 지가 상승이 이루어지는 것입니다.

땅은 이런 곳에 사놓아야 안심이 되고 꾸준히 올라갑니다. 이미 오르는 땅은 결정되어 있고, 입지를 보는 안목은 이 모든 것의 출발점이 됩니다.

오르는 땅 소개 사례 ②
제조장으로 허가 난
토지(화성시 송정리)

소재지	경기도 화성시 마도면 송정리
용도지역/평수	계획관리 공장부지/727평
평단가	130만 원
매입 가격	9억 4,500만 원
특징	허가 후, 공사 후 완료된 토지

경기도 화성시 마도면 송정리 소재지 위치   출처 : 카카오맵

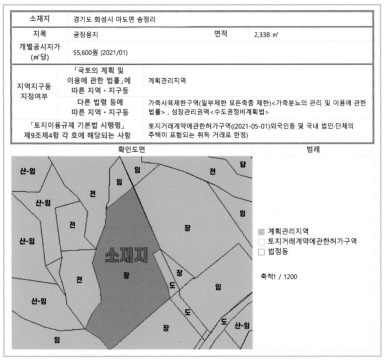

소재지	경기도 화성시 마도면 송정리		
지목	공장용지	면적	2,338 m²
개별공시지가 (m²당)	55,600원 (2021/01)		
지역지구등 지정여부	「국토의 계획 및 이용에 관한 법률」에 따른 지역·지구등	계획관리지역	
	다른 법령 등에 따른 지역·지구등	가축사육제한구역(일부제한 모든축종 제한)<가축분뇨의 관리 및 이용에 관한 법률>, 성장관리권역<수도권정비계획법>	
「토지이용규제 기본법 시행령」 제9조제4항 각 호에 해당되는 사항		토지거래계약에관한허가구역((2021-05-01)외국인등 및 국내 법인·단체의 주택이 포함되는 취득 거래로 한정)	

■ 계획관리지역
□ 토지거래계약에관한허가구역
□ 법정동

축척1 / 1200

경기도 화성시 마도면 송정리(727평)   출처 : 토지이음

　　송산그린시티 남측지구 4차산업혁명지원지구 산업단지 184만 평이 개발되는 인근에 아주 좋은 물건이 나와서 임장을 다녀왔습니다. 개발되는 산업단지와 거의 붙어 있어서 향후 이곳은 산업단지에 들어가지 못한 중소기업들이 좋아하는 위치의 제조장 부지입니다. 기존 화성과 접해 있는 인근의 산업단지들을 보면 안산반월공단이나 시흥국가공단, 인천남동공단 같은 곳은 공장을 지어 놓으면 평당 700~1,000만 원이 넘는 땅이 되었습니다. 송산 남측지구에 들어오는 산업단지는 4차산업혁명을 주도할 인공지능로봇 AI, AR, VR, 드론, 자율주행, IOT가전 같은 복합 첨단 산업단지 184만 평으로 만들어지는 규모이기에 성장하고 발전하는 데

의심을 할 필요가 없는 곳입니다.

　화성 같은 경우는 성장관리권역으로 되어 있어서 더욱 기업들이 선호하는 지역입니다. 화성시에서는 우후죽순으로 펼쳐져 있는 기업들을 산업단지로 입주시키려는 노력을 하고 있습니다. 화성 주변에 있는 수원, 군포, 안양, 시흥, 부천, 인천 같은 과밀억제권역에서는 공해나 오·폐수가 나오는 공장에 대해서 허가를 내주지 않고 있기에 땅값이 저렴하고 고속도로가 잘되어 있는 화성으로 기업들이 몰려들고 있습니다. 특히 화성은 5년 연속 지역경쟁력 평가에서 전국 1위를 했을 정도로 경쟁력이 있는 도시이고, 계획되어 있는 곳까지 포함해서 고속도로 여덟 개, 철도 일곱 개가 지나가는 교통의 요충지입니다. 또한, 삼성전자 화성공장, 현대기아자동차 화성공장, 현대자동차 남양연구소, 우리나라 제약회사의 80%가 있는 향남 제약산업단지 같은 크고 굵직한 기업들이 들어온 지역이기에 대기업과 협력을 하고 있는 중소기업들이 화성으로 공장을 이주해오고 있는 실정입니다. 그렇기에 전국에서 중소기업이 제일 많은 곳이 화성이 되었고, 2021년 부동산 거래가 제일 많았던 곳이 화성이었습니다.

　이런 곳은 정말 관심 있게 보아야 할 지역입니다. 특히 산업단지가 만들어지는 인근은 초집중 대상지입니다. 소개받는 물건도 산업단지가 빤히 보이는 위치이기에 입지조건에서는 최상이었습니다. 계획관리 임야에 이미 제조장 부지로 허가를 내고 토목준공까지 해놓은 상태의 땅이라 따로 돈이 들어가지 않아도 되는 땅입니다. 공장부지로 평당 130만 원이면 아주 훌륭합니다. 이곳도 2년 뒤면 산 가격의 2배는 충분히 오를 수 있다는 확신이 있었고, 일주일 후 계약하기로 결정했습니다.

남측지구 땅은 인기가 많습니다. 송정리에 있는 땅들은 건폐율 40%, 용적률 100%로 되어 있는 계획관리 땅들이고, 특히 공장을 짓는 실수요자가 제일 좋아하는 땅으로 구성되어 있어 더욱 가치가 있습니다. 이런 좋은 땅을 천안에서 오신 홍윤식 님에게 드린 사연이 있습니다. 9억 원이 넘는 땅이라 부담이 되는 금액이지만, 확실히 오르는 땅이기에 누구나 욕심을 낼 수 있는 땅입니다.

홍윤식 님은 신혼부부입니다. 지금까지 직장생활을 하면서 정말 열심히 살아왔고 아무리 급여가 높아도 올라가는 부동산을 보면 월급쟁이로는 절대로 부자가 될 수 없다는 이치를 깨닫고 저를 찾아왔습니다. 땅을 사야 한다는 너무나 간절한 부부의 눈빛을 거부할 수 없어서 일주일 후 계약하려고 했던 땅을 신혼부부에게 선물로 주었습니다. 간절함은 사람을 감동시키기도 합니다. 간절하고 절박한 마음은 그 사람의 본연의 모습을 보여주기도 합니다. 얼마나 간절한지에 따라서 그 소망이 이루어지기도 합니다. 이분들은 토지 투자를 많이 해보지 않으셔서 이 땅이 좋은 땅인지, 나쁜 땅인지 잘 구분하지 못하시지만, 산업단지 주변 땅은 반드시 오른다는 확신이 있었고, 유튜브 방송을 통해 공부도 많이 하셨기에 약간의 부연설명만으로도 망설이지 않고 바로 계약하셨습니다.

이 땅의 입지를 분석해보면 184만 평이 개발되는 산업단지와 직선거리 450m이고, 산업단지에서 나오는 공단교차로까지 600m인 계획관리 땅입니다. 보통 대형 산업단지 주변 땅은 회사원들의 원룸이나 투룸 용도로 많이 사용되는 주거시설과 편의시설, 식당 같은 요식업이 많이 들어오고, 상업시설지역을 벗어난 외곽지역은 공장, 제조장, 물류창고 같은 시설들이 꾸준히 들어오고 있기에 구조적으로 땅값이 상승하는 원인이 될 수밖에 없습니다. 이 땅도 매수할 때 평당 130만 원이었던 것이 1년이 지난 현재, 시세가 최하 평당 200만 원이 넘어버렸습니다.

얼마 전 홍윤식 님 부부께 안부 전화를 한 적이 있었습니다. 허가 난 제조장 부지를 매입했던 터라 제조장을 지어 임대한다고 해서 궁금했던 차에 연락해본 것입니다. 홍윤식 님은 허가 난 공장 부지를 그냥 두지 않고 150평 제조장으로 공장을 지었고, 가설건축물로 130평을 추가로 지었습니다. 150평 건축하는 데 건축비는 대략 평당 230만 원 정도 들었고, 가설건축물 130평은 1억 원 정도 들었다고 합니다. 임대수익으로 본 건물 150평에서 월세 380만 원을 받고, 가설건축물 130평에서 월세 230만 원을 받아서 월 전체 610만 원의 쏠쏠한 수익을 올리고 있었습니다.

이런 땅은 절대 손해를 볼 수 없는 땅입니다. 아직 산업단지가 분양 전인데도 임대가 잘 나가는 입지이고, 향후 산업단지가 분양 되고 기업들이 입주하게 되면 지가 상승뿐만 아니라 월 임대수익도 더 높아질 것은 자명한 사실입니다. 홍윤식 님 부부는 제게 매입하려고 했던 땅을 주셔서 너무 감사하다고 했고, 나중에 식사 한번 하자고 하고 통화를 마쳤습니다.

제가 오르는 땅은 이미 정해져 있다고 반복해서 설명해드리는 이유는 오르는 땅은 신기하게도 100% 오르기 때문이고, 입지 분석만 정확하게 하면 실수 없는 투자가 될 수 있기 때문입니다. 이미 입지적으로 오르는 땅으로 결정된 땅에 도장만 정확하게 찍으면 내 땅이 되는 것이고, 매입 후 기다리기만 하면 땅값은 당연하게 오르게 되어 있는 것이 '오르는 땅의 비밀'입니다. 그 비밀을 알기 위해서는 수도 없는 임장을 해야 하고, 산업단지 주변 어느 곳이 향후 개발했을 때 임대가 용이하고 묶이지 않는 땅이 되는지 수많은 경험을 해야 합니다. 산업단지 주변 땅은 땅값도 지속적으로 올라가지만, 공장을 직접 지어서 운영하려고 하는 실사용자들로 넘쳐나고 있습니다. 지금도 화성에서는 제조장이나 공장 땅을 찾는 사람들이 넘쳐나고, 6m 도로가 확보된 계획관리 땅은 없어서 못 팔 지경입니다. 대형 산업단지 주변 땅은 제한된 면적으로 되어 있고, 제한된 면적에서 사용 가능한 땅이 정해져 있기에 그 땅을 필요로 하는 사람들이 많아질수록 땅값은 상승하게 되어 있습니다.

땅은 실수요자가 많이 필요로 하는 곳에 사놓아야 절대로 묶이지 않는다는 지극히 단순한 원리를 꼭 기억하시길 바랍니다. 대규모 산업단지 주변 땅은 반드시 올라갑니다. 이미 오르기로 작정한 땅이기 때문입니다.

오르는 땅 소개 사례 ③
포도밭이었던 땅(화성시 고정리)

소재지	경기도 화성시 송산면 고정리
용도지역/평수	생산관리, 전, 대지/450평
평단가	110만 원
매입 가격	4억 9,500만 원
특징	송산그린시티 서측지구, 고정IC 인근

경기도 화성시 송산면 고정리 소재지 위치   출처 : 카카오맵

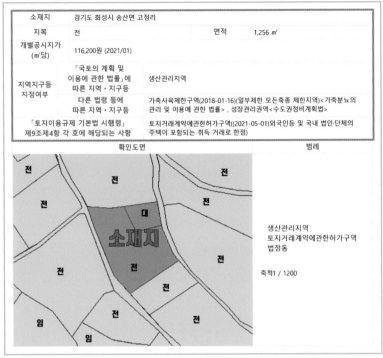

소재지	경기도 화성시 송산면 고정리			
지목	전		면적	1,256 ㎡
개별공시지가 (㎡당)	116,200원 (2021/01)			
지역지구등 지정여부	「국토의 계획 및 이용에 관한 법률」에 따른 지역·지구등	생산관리지역		
	다른 법령 등에 따른 지역·지구등	가축사육제한구역(2018-01-16)(일부제한 모든축종 제한지역)<가축분뇨의 관리 및 이용에 관한 법률> , 성장관리권역<수도권정비계획법>		
「토지이용규제 기본법 시행령」 제9조제4항 각 호에 해당되는 사항		토지거래계약에관한허가구역((2021-05-01)외국인등 및 국내 법인·단체의 주택이 포함되는 취득 거래로 한정)		

확인도면   범례

생산관리지역
토지거래계약에관한허가구역
법정동

축척1 / 1200

경기도 화성시 송산면 고정리(450평)   출처 : 토지이음

전라도 광주에서 땅을 찾아달라는 안성숙 고객이 찾아오셨습니다. 오픈마인드 유튜브 채널의 구독자이시고, 6개월 동안 올려놓은 영상을 모두 시청한 다음 화성 송산그린시티의 매력에 빠져서 투자를 망설이고 망설이다가 용기 내어 전화 후 방문하게 되었다고 했습니다.

제가 송산그린시티 1,700만 평에 대한 개발 소식을 한창 분석하고 데이터화시켜서 방송으로 소개해드릴 때입니다. 지금도 기억에 남는 것이 광주에서 오실 때 지역 특산물 같은 쑥개떡을 사 오셨습니다. 쑥개떡을 처음 먹어보았는데, 달지도 않고 너무 맛있게 먹었던 좋은 기억이 있어서 정말 좋은 땅을 사드렸습니다. 쑥개

떡으로 2년 만에 2배 이상 오르는 땅을 사게 된 좋은 사연입니다.

2년 전만 해도 송산 땅은 매물로 많이 나와 있었습니다. 그래서 소개해드리는 데 큰 문제가 없었습니다. 이른바 그냥 찍어도 올라가는 땅이었습니다. 마치 물 반, 고기 반처럼 땅이 너무 많이 나와서 좋은 땅을 입맛에 골라서 가져가면 되는 시기였습니다. 물건 검색을 하면서 송산그린시티 고정IC가 들어오는 근처에 추천해드렸습니다. 송산은 송산 포도가 너무 유명해서 웬만한 땅은 대부분 포도밭입니다. 추천해드렸던 땅도 포도밭이었습니다. 이 땅을 추천한 이유는 향후 서측지구가 개발 시 배후지역으로 지가 상승이 충분히 있을 수 있는 곳이고, 특히 평당 110만 원이면 송산그린시티 1,700만 평이 개발될 시 평당 300만 원은 충분히 예상할 수 있는 지역이었습니다.

또한 향후 만들어질 평택시흥고속도로 고정IC에서 약 2km가량 되고, 송산그린시티 신도시로 들어가는 8차선 동서진입도로까지는 1km밖에 떨어져 있지 않았습니다. 국제학교가 들어오는 에듀타운까지도 2km 안쪽이라 서측지구 도심이 형성되고 공동주택들이 분양될 때쯤 이곳은 신도시 배후지역으로 좋은 입지조건을 가지고 있습니다. 또한, 개발 압력이 높을수록 이 지역은 용도지역 상향이나 지구단위 도시개발 사업으로 전환될 확률이 매우 높기에 적극적으로 추천했습니다. 안성숙 님은 이 땅을 너무 마음에 들어하셨지만, 자금이 조금 모자라서 지인 두 명과 함께 이 땅을 매입했습니다. 매입한 지 2년이 지난 현재 시점에 이 땅은 평당 200만 원이 넘는 가격에 거래되고 있습니다. 거의 2년 만에 2배가 오른 것입니다.

얼마 전 안부 전화를 드리면서 "안성숙 님, 고정리 사신 땅 매매를 원하시면 2배는 받을 수 있어서 지금 매매하셔도 됩니다"
라고 말씀드렸더니 "이 땅은 한참 동안 가져갈 땅이고 평당 400
만 원 정도 되면 팔겠습니다" 하셔서 한바탕 기분 좋게 웃고 말
았습니다.

이렇게 비교적 짧은 시간인 2년 만에 2배가 되는 땅을 고를 수
있었던 이유는 첫째도 입지, 둘째도 입지입니다. 바로 인근에 송
산그린시티 1,700만 평 서측지구 메인 신도시가 들어서는 관문
앞에 고정리가 있고, 고정IC가 만들어지는 호재가 장기적으로 뒷
받침된다는 정확한 입지분석이 가능했기에 자신 있게 추천할 수
있었습니다.

'오르는 땅은 이미 정해져 있다'라는 사실에 부합하는 땅이 바
로 이런 땅이고, 호재가 넘쳐나지만 지가 상승이 반영되지 않은
땅이 이런 땅입니다. 대규모 신도시가 개발되어 인구 유입이 꾸준
히 늘어나는 지역이나 개발된 도심으로부터 더욱 팽창되는 지역
의 땅값을 조사해보면 정답을 찾을 수 있습니다.

송산그린시티는 대규모 신도시가 만들어지기 이전의 땅값으로
책정되어 있기에 가치가 있고, 더욱 상승할 수 있는 매력 있는 땅
입니다. 중요한 것은 땅은 오르기 전에 사야 합니다. 신도시가 확
정적으로 계획되어 있고 개발되는 주변의 땅은 절대로 실패할 수
가 없습니다. 시간이 지나면 지날수록 땅값은 계속 상승할 것이
고, 도심이 만들어지면 인구는 계속 유입이 될 것이며, 유입된 인
구는 도심을 더욱 확장시키는 촉매제의 역할을 하게 될 것입니
다. 기존 도심 외곽으로 개발이 가속화되는 과정은 늘 있어왔습니
다. 그것을 잘 알고 있는 투자자는 실제 신도시 안쪽의 택지보다
는 신도시 인근 외곽지역의 아주 저렴한 땅을 공략하는 것이 정

석입니다.

오늘 소개한 땅이 바로 개발되기 전의 송산그린시티 메인 신도시 인근 외곽지역의 땅입니다. 땅은 개발소식이 들리기 전에 사야 합니다. 땅에 대해 잘 모르시는 분들은 신도시 내 택지를 사기도 합니다. 그러나 택지의 경우 이미 일정한 면적으로 잘라놓은 땅이기에 평당가격이 장난이 아닙니다. 더구나 분양을 받아야 하기에 당첨되기도 어렵습니다.

사실 신도시에 있는 택지는 너무 비싸기 때문에 수천 평씩 살 수가 없습니다. 하지만 신도시 외곽지역의 땅은 오르기 전이기에 수천 평씩 살 수 있습니다. 향후 신도시 개발이 본격적으로 시작되면 신도시 인근에 사놓은 땅은 인생 역전하는 땅으로 바뀌게 됩니다. 중요한 것은 이런 현상을 예측할 수 있는 안목입니다. 신도시에서 빠져나가는 도로변이 어디인지 파악해서 그 도로변에 사놓는다면 자손 대대로 물려주어도 될 땅을 사는 것입니다. 바로 이런 곳을 사놓아야 절대 실패하지 않습니다. 이런 땅은 단기간에도 많이 오르고 장기간에는 더 많이 올라 시대를 넘어 자손에게 물려줄 수 있는, 가문을 빛낼 수 있는 땅이 되는 것입니다.

토지의 입지분석·
권리분석의 중요성

입지분석·권리분석의 중요성

유튜브 방송을 하다 보면 전화가 참 많이 옵니다. 대부분 토지에 관한 문의가 많고, 특히 땅을 소개해달라는 전화가 쏟아집니다. 방송의 위력입니다. 전화를 일일이 다 받다 보면 제 일을 하지 못할 때가 많습니다. 다양한 지역의 개발 호재와 이슈를 업데이트해서 올려드리기 때문에 구독자가 계속 늘고 있습니다.

저는 농업회사법인과 부동산법인, 토목건축법인을 운영하고 있는 법인 대표입니다. 직원도 여러 명 있습니다. 제가 하는 일은 주로 땅에 대한 입지분석, 권리분석입니다. 그러다 보니 출장도 많고 그 지역에 가서 다양한 조사도 합니다. 개발되는 지역의 도시개발계획을 공부하고, 현장 방문을 통한 임장 활동을 하며, 시정 소식이나 관보를 들여다보기도 하고 시청이나 면 소재지 관공서에 가서 현재 진행되는 사항에 대해서 공무원들에게 묻기도 합니다. 개발행위허가 사항에 대해서 짚어보기도 하고, 건축이 가능한지 확인도 합니다. 그리고 실제 설계를 하고 측량하는 토목회사나 건축 사무소에 들러 소장님들과도 인연을 맺으며 실제 개발되는 속도를 체크하기도 합니다. 또한 직접 개발되는 현장을 다니며 지형 파악을 하고, 개발지 주변 도로 현황을 제일 먼저 분석합니다. 개발지에서 나오는 도로는 어디에 있는지, 도로 확장 계획은 있는지, 추가 수용될 토지는 계획에 잡혀 있는지 등을 분석하고 예측 가능한 모든 자료를 수집합니다. 그리고 마지막으로 현장에 있는 공인중개사분들을 만나고 현지인들을 접촉해서 제 일을 도와줄 '키맨'을 찾습니다. 외지인은 현지인을 절대로 이길 수 없기 때문에 현지인의 도움이 절대적으로 필요합니다. 물건에 대한 정보는 아무래도 현지인이 가장 많이 알고 있고, 현지인들의 지인들을 연결시키다 보면 좋은 물건들을 확보할 수 있습니다.

저는 최고로 좋은 토지를 확보하는 것을 목표로 하고 있습니다. 오늘부로 가장 저렴하고 가장 좋은 땅을 찾는 것을 목표로 합니다. 결국 이 모든 어렵고 까다로운 절차들을 거치는 것은 좋은 땅을 확보하는 전초 작업인 것입니다. 예를 들어 우리가 어려운 수학 문제를 풀 때 반드시 공식을 대입해 풀어가야 정확한 답을 찾을 수 있듯이 좋은 땅을 찾을 때는 이런 다양한 정보들을 확보 후에 찾는다면 절대로 나쁜 땅을 찾을 수가 없습니다. 반드시 아주 좋은 땅을 찾을 수밖에 없습니다. 아주 간단한 원리이지만 아주 하기 힘든 작업입니다.

도움을 주는 현지인들에게는 어디에서도 받아보지 못한 통 큰 선물을 준비합니다. 그러면 물건은 아주 좋은 것으로 준비됩니다. 남들보다 더 큰 보상을 주면 더 좋은 물건으로 돌아오게 되어 있습니다.

어느 도시에 개발이 일어나면 저는 대략적인 권리분석을 해서 정보를 유튜브에 올려드립니다. 실제로 그곳은 개발이 되는 지역 인데 많은 사람들이 관심을 가지지 않습니다. 그곳이 관심받기까 지는 시간이 필요하고 아마도 개발이 실제 진행될 때는 신문이나 방송에서 이슈가 되어 땅값은 고공행진을 하는 단계가 됩니다. 용 인 SK하이닉스가 그랬고, 서울-세종 간 고속도로가 지나가는 안성 이 그랬으며, 고덕국제신도시와 삼성반도체 공장이 건설되는 평택 이 그랬습니다. 또한 1,700만 평이 개발되는 송산그린시티와 국제 테마파크에서도 이런 현상이 일어나고 있는 중입니다.

이렇게 크게 개발되는 이유가 있는 지역에서 일을 하면 거의 실패 하기가 어렵습니다. 정확한 입지분석, 권리분석을 하면 투자에서 실 패를 할 수가 없습니다. 개발된다는 것은 그 지역의 땅이 필요하다는 이야기이기 때문입니다. 지가는 수요와 공급의 언밸런스가 일어날 때 요동칩니다. 조용하던 마을에 개발이라는 이름으로 토지가 필요 하게 되고, 필요한 땅이 많으면 많을수록 지가는 올라가게 되어 있습 니다. 토지는 공장에서 생산해내는 공산품이 아니기 때문입니다. 토 지는 딱 정해져 있습니다. 토지는 어디에서 솟아나지 않습니다. 주어 진 토지 내에서 개발되는 땅을 내어줘야 한다는 것입니다.

다시 말해, 정해진 만큼의 토지 내에서 개발되는 토지를 떼어주 는 의미이기에 개발한다는 이유로 계속해서 토지를 떼어주다 보 면 토지는 모자라게 되어 있습니다. 이렇게 토지를 사려고 하는 사 람은 많고, 팔려고 하는 사람이 적다면 어떻게 될까요? 너무도 당 연하게 지가는 상승하게 됩니다.

반면 수요와 공급이 완벽한 균형을 이루면 절대로 지가는 상승 하지 않을 것입니다. 따라서 수요가 많고 공급이 적은 언밸런스의 형태가 이루어지는 지역이 최대의 투자처입니다.

도로가 만들어지는 곳,
철도가 만들어지는 곳

    여러분은 투자할 때 무엇이 가장 중요하다고 생각하십니까? 제가 투자할 때 가장 눈여겨보는 것 중 하나는 도로 개설입니다. 기존 2차선 도로를 4차선 도로로 확장하는지, 확장하면 왜 확장하는지, 교통의 수요가 어디서부터 출발해서 어디까지 영향을 미치는지, 직접적으로 투자에 영향을 줄 수 있는 요인들을 집중적으로 파악합니다. 이는 도로가 만들어지는 곳은 왜 만들어지는지, 새로 만든 도로는 어디에서 출발해서 어디로 향하는지, 그리고 그 종착지는 어디인지, 교통의 수요는 얼마나 많아지는지와 같은 궁금증에서 출발합니다. 이런 기분 좋은 의문은 새로운 호재를 찾게 되고, 그 호재는 짧은 시간 안에 지가의 상승으로 이어지기에 토지 투자에서 신설도로는 매우 중요한 투자 요소라고 할 수 있습니다.

    저는 아파트에는 거의 투자하지 않습니다. 사실 아파트로 투자 수익을 거두기가 너무 어렵습니다. 법인을 운영하기에 법인으로 주택을 사면 취득세가 매매가의 12%이고, 종합부동산세로 매년 총가액의 6%를 내야 하기에 아파트를 투자의 수단으로 가져갈 수가 없도록 정부에서 만들어버렸습니다. 가령 10억 원짜리 아파트를 보유하면 매년 6%인 6,000만 원의 보유세를 내야 합니다. 한 번도 아니고 매년 내야 하기에 투자로서 가치가 없습니다. 특히 가계대출의 심각한 제한으로 현금으로 주택에 투자해야 한다면, 레버리지는 활용할 수 없기에 수익률이 떨어지는 것은 당연합니다. 어찌 보면 누구나 아파트 같은 공동주택을 투자의 대상으로 삼았기에 치열한 경쟁 속에서 수익은 줄어들 수밖에 없는 구조이고, 청약으로 당첨되어야 그나마 성공적인 투자라고 할 수 있습니다.

보편적인 투자 방식에서 신설도로와 철도가 개통되고 연결되는 곳이 투자의 중심지라는 것은 누구나 아는 상식입니다. 지극히 맞는 방법입니다. 그러나 제가 투자하는 방법에서 철도는 우선순위는 아닙니다. 입지조건에 철도가 들어오면 좋고, 들어오지 않더라도 크게 문제되지 않는 원형지 투자의 방법이기 때문입니다. 사실 철도가 개통된다고 하는 곳은 도심입니다. 이미 도시가 만들어진 도시 중심이나 아니면 도시가 확장될 위치에 철도가 만들어집니다. 기존에 만들어진 역사에 추가로 GTX 노선이 연결되는 방법으로 만들어지기도 하고, 도심 깊은 지하에 역을 만들기도 합니다. 어찌 되었든 기존 도심을 크게 벗어나지 않는 범위 내에서 철도는 만들어지게 되어 있습니다.

철도가 도시지역에 만들어진다는 것은 그 도심은 이미 개발이 된 곳이라는 의미이기에 원형지 토지 투자를 하기에는 너무 늦었습니다. 철도역이 만들어지는 곳은 이미 토지가격이 너무 많이 상

서해선 복선전철 안중역 위치   출처 : 네이버 지도

승되어 원형지 투자로서의 매력이 상실되었기에 새로운 철도역
이 발표되더라도 그곳에 투자하기에는 상당한 시간이 걸리고, 투
자 수익을 거두기가 어렵기에 새롭게 만들어지는 곳을 최고의 순
위로 놓지는 않는다는 말씀을 드립니다.

간혹 이런 경우도 있습니다. 안성 같은 경우인데, 안성은 경기도
에서 유일하게 철도가 없는 도시입니다. 이번에 제4차국가철도망
계획에서 두 개의 노선이 발표되었습니다. 동탄에서 청주공항으
로 내려가는 수도권내륙선과 평택에서 이천 부발로 이어지는 평
택부발선입니다. 그런 곳에 토지 투자를 선행하고 난 뒤, 철도 계
획이 잡혀 내가 투자한 땅 주변으로 철도역이 만들어진다면, 그것
은 추가로 상당한 호재가 발생한 것입니다. 이렇게 운이 따르게
되는 지역도 있습니다. 하지만 대부분 GTX 같은 철도는 기존 도
심 속에 만들어지는 곳이 많기에 이미 시세 반영이 되어 있는 지
역에 원형지 토지 투자를 하는 것이 어렵습니다.

하지만 투자 방식에 대해서는 '어떤 것이 정답이다'라고 확실하

게 말할 수 있는 것이 없기에 잘 준비해서 투자하는 현명함이 필요하다는 말씀을 드리고 싶습니다.

철도가 만들어지는 곳을 역세권이라고 합니다. 역세권 주변은 투자자로서 보면 먹거리들이 참 많습니다. 역세권 주변에 상가도 많고 오피스텔도 많으며 공동주택도 많습니다. 그만큼 먹거리가 풍부하고 유동성 또한 뛰어나기에 수익률이 엄청 높지는 않지만, 안정적인 수익을 만들 수 있습니다. 요즘처럼 어려울 때 많은 곳이 공실이 나지만, 역세권은 절대 공실이 없다는 공식이 적용되기에 역세권의 인기가 높습니다.

부동산 가격이 오르기 위해서는 정말 많은 요소와 조건들을 필요로 합니다. 산업단지, 신도시 개발, 도로, 철도 등 이런 부분들을 우리가 놓치지 말고 항상 정보를 모으고, 임장을 다녀야 합니다. 요즘 정부의 대출 규제와 여러 가지 부동산 정책으로 아파트에 투자하는 것이 쉽지 않기에 땅으로 발길을 돌리시는 분들도 많은 것 같습니다. 그렇지만 아파트든, 땅이든 교통 인프라가 좋고, 일자리가 많으며, 인구가 늘어나는 곳은 가격이 상승할 수밖에 없습니다. 이런 부분들을 항상 눈여겨보고 공부하시다 보면 기회는 반드시 찾아옵니다.

기회는 움직이고 부지런히 노력하는 사람에게 찾아온다는 사실을 기억하시길 바랍니다.

공부상 땅의 면적이 줄어들 수도 있다 - 임야 등록전환

소재지	경기도 평택시 청북읍 한산리 산		
지목	임야	면적	368 ㎡
개별공시지가 (㎡당)	102,700원 (2021/01)		
지역지구등 지정여부	「국토의 계획 및 이용에 관한 법률」에 따른 지역·지구등	계획관리지역	
	다른 법령 등에 따른 지역·지구등	가축사육제한구역(2022-01-26)(일부제한 300m 이내 - 전 축종 제한)<가축분뇨의 관리 및 이용에 관한 법률>	
「토지이용규제 기본법 시행령」 제9조제4항 각 호에 해당되는 사항		토지거래계약에관한허가구역((2020-10-31)외국인, 법인, 단체 대상, 주택용 토지로 한정)	

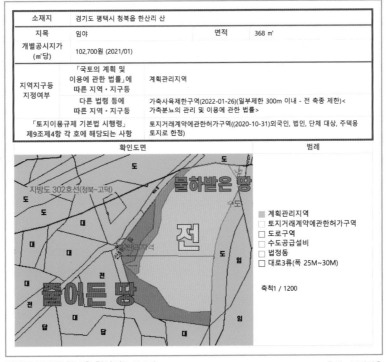

| 확인도면 | 범례 |

계획관리지역
토지거래계약에관한허가구역
도로구역
수도공급설비
법정동
대로3류(폭 25M~30M)

축척1 / 1200

경기도 평택시 청북읍 한산리(1,161평)

출처 : 토지이음

실제 임야 면적이 343평이었던 토지가 등록전환 후 공부상 면적이 265평으로 줄었습니다. 78평이 줄었고 1억 4,040만 원이 날아갔습니다. 누구의 책임일까요?

2018년은 평택 토지의 인기가 아주 좋을 때였습니다. 삼성전자 반도체 공장 1단계가 준공을 마치고 2단계 공사가 준비되어 주변 지가는 한창 올라갈 때, 고덕국제신도시 주변 근거리에 지목이 전과 임야가 함께인 4차선에 붙어 있는 땅을 소개받았습니다. 총 금액이 21억 원 정도라 좀 무거운 금액이었지만, 주변 지가를 살펴보니 4차선에 붙어 있는 땅들이 평당 400만 원 이상에 실거래된 내역들이 최근까지 있어 평당 180만 원이면 훌륭한 가격이라고 생각했습니다. 4차선에 위치한 땅이라 향후 근생으로 개발해도 되고 맞은편에는 공단이 조성되어 있어 원룸 같은 임대사업도 가능한 땅이기에 입지조건만 보면 아무런 하자를 발견할 수 없어서 그대로 계약을 진행했습니다.

특히 이 땅은 가운데로 폐구거가 있어서 나중에 불하를 받게 되면 지금보다 더 저렴한 가격에 낙찰받을 경우 평단가가 낮아지는 장점도 있어서 권리분석상으로 보면 최상급의 토지였습니다. 더구나 현재 어연한산 일반산업단지 23만 평에 추가로 드림테크 일반산업단지 40여만 평의 공사가 진행되고 있어 1년 후면 준공이 된다는 사실에 주변 땅값이 출렁거릴 때였습니다. 돈이 부족해서 지인분들과 함께 네 명이 공동명의로 사서 3년 안에 매도하자는 계획을 세웠습니다. 일은 일사천리로 진행되었고 등기를 가져오는 데는 문제가 없었습니다. 등기 후 이곳에 장어 식당을 하시려고 관심을 가지고 계신 분이 있어 1,161평 중 470평을 4개월 만에 잘라 팔기로 하고 토지 분할 신청을 했습니다. 신청 후 10일 정도

지났을 무렵, 측량을 하러 온다고 지적공사에서 현장에 참석해달라고 했습니다. 그날은 제가 일이 있어 토목회사 사장님이 대신 가서 측량하는 것을 확인해주셨습니다. 그런데 토목회사 사장님께서 전화로 다급히 말씀하셨습니다.

"대표님, 오늘 실제 측량을 했는데 지목이 전인 것은 지적도와 똑같은데, 임야로 되어 있는 땅이 실제 측량해보니 공부상 면적보다 많이 줄었습니다."

"아니, 땅이 어떻게 고무줄도 아니고 줄 수가 있어요? 측량 기계가 잘못된 것 아니에요?"

"지적공사에서 나와서 제가 옆에서 지켜보았는데, 기계에는 이상이 없었습니다. 보통 임야 같은 경우 10평 내외로 줄기도 하고 늘기도 하는 것을 보았는데, 이런 경우는 처음 보았어요. 무려 78평이나 줄었어요."

"뭐라고요? 78평요?"

78평이면 금액으로 '평당 180만 원×78평=1억 4,040만 원'이었습니다. 누군가 뒤에서 몽둥이로 후려치는 듯한 느낌이었습니다. 땅이 줄어든다는 이야기는 듣지도, 보지도 못했기에 눈앞이 막막했습니다. 보통 집이나 땅을 살 때 일일이 측량을 해보고 그 땅이 공부상 면적과 다른지 확인해보지 않아도 등기부등본에 기재되어 있는 면적을 우리는 신뢰합니다. 공부상 면적이기에 의심할 필요도 없기 때문입니다.

가령 아파트 등기부등본에 $84m^2$로 되어 있으면 아파트가 $84m^2$가 맞는지 측량해보지 않아도 신뢰하는 것처럼, 토지도 공부상 면적을 신뢰하고 계약을 하는데 사실상 그 룰이 깨진 것입니다. 여러분이라면 어떻게 받아들일 수 있겠습니까? 그것도 1평, 2평 모자란다면 이해라도 하는데 78평이 공중에서 사라진 것입니다. 1억 4,040만 원이 순식간에 사라진 것입니다. 어느 누가 이것을 인정하고 손해를 순순히 받아들일 수 있을까요?

전화를 끊고 공동명의로 샀기에 나머지 세 분께 줄어든 면적을 어떻게 설명해야 할지 막막했습니다. 이대로 인정하고 안중출장소에 가서 등록전환을 하면 줄어든 면적으로 공부에 다시 등록되기에 눈 뜨고 1억 4,040만 원을 떼이게 되는 것입니다. 곧장 안중출장소로 달려가 담당자를 만나 이런 경우도 있냐고 따졌습니다. 담당 공무원도 이런 경우는 처음 보았다고 합니다. 그렇다고 공무원이 봐줄 수 있는 문제도 아니고, 실측량대로 등록전환을 해야 하기에 당사자들끼리 합의되면 다시 오셔서 등록전환을 하라는 말씀을 했습니다.

당장 법무사로 달려가서 해결할 방법이 있냐고 물어보았습니다. 법무사에서도 임야는 지적도가 아니라 임야도로 만들어져서 1,200분의 1로 줄이면 조금만 틀어져도 실제는 주변 면적이 차이가 날 수밖에 없다는 말씀을 하셨습니다. 위성을 통해서 찍는 좌표는 아주 정확해서 지적도상에 틀릴 수가 없는데, 임야도는 종종 실측과 다르게 나와서 등록전환을 통해 맞추어간다는 이야기를 했습니다.

면적이 줄어도 너무 많이 줄어서 등기가 끝난 지 5개월이 지난 뒤지만, 매도인께 연락해서 이렇게 땅이 줄었다고 하소연했습니다. 그분도 조상들에게 물려받은 땅이고 지금까지 농사만 지었던 땅이기에 우리의 억울한 사정은 이해하겠지만 한 푼도 배상해줄 수는 없다고 하시면서 소송을 하실 테면 하시라고 했습니다.

보통 임야를 살 때는 당장 개발할 것이 아니라면 대부분 측량을 하지 않습니다. 하지만 계약 후 토지사용승낙을 얻어 매수자 명의로 개발행위를 진행할 경우, 잔금 전에 측량을 통해 확인할 수가 있기에 임야를 계약할 때는 반드시 경계측량을 할 것을 권합니다. 그리고 측량 후 측량 면적대로 계약한다는 특약사항을 꼭 계약서에 명기하면 이런 어려움을 겪지 않을 것입니다.

다시 한번 말씀드리지만, 임야를 계약할 경우 평단가로 계산해서 전체금액을 계약금액으로 해야 하며, 측량 후 실제 면적으로 계약을 한다는 문구를 꼭 기재하시길 당부드립니다.

금액 차이가 너무 커서 여러 전문가들을 찾아서 문의해보고 다방면으로 알아보았습니다. 평단가로 진행한 것이 맞지만 우수리를 떼고 계약서상 21억 원으로 계약한 것이 결국 실수였습니다. 우수리까지 다 포함해서 계약했다면 평단가 180만 원이 인정되어 평단가로 계약한 것이라 주장해서 이길 수 있는 조건이 되지만, 현재 이 상황을 이겨나가기가 어려울 것이라는 판단이 들었습니다. 하지만 함께 공유해서 사신 분들의 입장이 있기에 소송을 통해 해결해보고자 진행했습니다. 약 6개월간의 다툼 끝에 판결은 받았지만, 결국 수량 부족으로 처리가 되어 이길 수 없었습니다.

지나고 난 뒤의 이야기이지만, 실제 이런 경우를 전문 용어로 '수량 부족'이라고 합니다. 계약 시 정확하게 평당 180만 원으로 계약하고, 지목상 임야나 전도 각각 평당 180만 원으로 계약하고 정확한 평단가로 계산한 것을 계약서에 명시했다면, 면적이 줄더라도 매도자들이 손해를 감수하고 매수한 사람들은 실제 면적으로 배상받을 수 있습니다. 계약서상 꼭 평단가로 계산해서 계약해야 면적이 줄어도 소송을 통해서 구제받을 수 있습니다. 이것은 실제 겪어보지 않은 사람들은 잘 모르는 내용입니다. 계약서 작성 시 아무 생각 없이 했던 행동으로 1억 4,040만 원을 떼일 줄은 꿈에도 생각하지 못했습니다.

보통 임야도에 있는 축척은 6,000분의 1이고, 지적도에 있는 축척은 1,200분의 1입니다. 임야로 되어 있는 산을 지적도로 옮겨 그리게 되면 서로 다른 축척을 사용하기에 등록전환을 통해서 지적도에 다시 그리면 면적이 줄어들기도 합니다. 이런 경우가 임야에서는 얼마든지 일어나기에 신경 써서 체크해야 합니다.

토지 투자를 하다 보면 이렇게 다양한 경험을 하게 되는데, 사실 면적이 늘어난 적도 두 번이나 있습니다. 경기도 화성시 남양읍 서해선 복선전철이 지나가는 근교에 땅을 사게 되었는데, 이곳 또한 임야와 전이 섞여 있는 땅이었고 1,500평 정도 되었습니다. 계약금액은 15억 원 정도였고 혹시나 하는 마음에 토목사무실에 있는 컴퓨터로 대략적인 면적을 측정해보았는데, 다행히 줄어들지 않고 조금 남을 수도 있다는 말에 특약을 굳이 작성하지 않았습니다. 나중에 실측해보니 역시 예상한 대로 40여 평이 늘어났습니다. 평당 100만 원이었기에 약 4,000만 원 정도 수익을 보게 되었습니다.

이처럼 땅을 살 때는 여러 가지 변수도 많고 지혜롭게 대처해야할 때도 많기에 다양한 경험이 필요합니다. 중요한 것은 계약서 작성 시 꼭 필요한 특약사항을 넣어서 계약하는 꼼꼼함입니다. 등록전환을 한 임야는 해당 지번 앞에 '임'이라고 표시가 되어 있으면 측량 후 등록전환을 한 임야라고 생각하고, 지번 앞에 '산'이라는 표시로 되어 있으면 등록전환이 안 된 임야라고 생각하시면 됩니다. 등록전환이 된 것은 굳이 경계측량을 하지 않아도 됩니다.

이처럼 산지(임야)를 계약할 때는 확인해야 할 사항들이 많습니다. 산지는 보전산지(공익용산지, 임업용산지), 준보전산지로 구분됩니다. 보전산지 중 공익용산지는 공익을 목적으로 한 재해방지나 수자원보호, 자연생태보전, 산지경관보전, 국민 보건휴양증진

같은 공익기능을 위한 산지이기에 개발에 제한이 있습니다. 임업용산지는 산림자원의 조성과 임업경영 기반의 구축 등 임업 생산기능의 증진을 위해 필요한 산지입니다. 임업용산지에서 임업인으로 등록 후 임업인 조건에 맞으면 임업인주택은 지을 수 있지만, 일반주택은 허가가 나오지 않습니다. 준보전산지는 보전산지에 비해 규제를 덜 받기에 공장이나 주택이나 근생까지 가능합니다. 산지를 매입한다면 준보전산지 임야를 매입하는 것이 투자에 적절합니다. 특히 임야를 매입해서 개발할 목적이라면 주의해야 할 사항이 있습니다. 바로 경사도, 임목축적도, 울폐도의 기준사항을 꼭 확인해야 한다는 것입니다.

임야의 경사도는 25도 이하여야 하고 수도권에서는 보통 15도 이하여야 개발행위허가가 나옵니다. 현재 제가 권리분석하는 안성은 25도, 평택 15도, 화성 15도, 용인 17.5도로 되어 있습니다. 지자체 조례로 개발할 수 있는 경사도가 다르기에 해당 지자체에 경사도 확인은 필수입니다. 임목축적의 확인도 필수입니다. 임야를 개발 시 산지의 헥타르당 임목축적이 산림 기본 통계상 관할 시, 군, 구의 임목축적이 150% 이하여야 개발행위를 허가합니다. 다만 산불 발생, 솎아베기, 벌채를 실시한 후 5년이 지나지 않았을 때는 그 이전의 임목축적을 환산해 조사, 작성 시점까지의 생장률을 반영한 임목축적을 적용합니다.

울폐도는 쉽게 말해서 산속에서 하늘을 바라보았을 때 울창한 정도라고 생각하면 됩니다. 매입하려고 하는 임야에 하늘이 보이지 않을 정도의 울창한 임야는 개발이 어렵다고 생각하시면 됩니다. 임야에 대한 궁금한 점이 있다면 맞춤형산림정보서비스 임업정보다드림(gis.kofpi.or.kr) 홈페이지에 접속 후 필지별 산림정보서비스를 조회해보면 알 수 있습니다.

개발지 주변 땅값이 오르는 메커니즘

　많은 분들이 "어디에 투자해야 땅값이 오를까요?"라고 질문하십니다. 저 또한 땅에 투자하는 투자자의 한 사람으로서 경험했던 것을 알려드리고, 될 수 있으면 손해 보지 않을 땅을 찾으며, 호재가 있는 땅 중심으로 매입하고, 소개해드립니다.

　저는 절대적으로 대형 호재가 있는 원형지를 매입합니다. 호재가 있고 지역의 개발공사가 들어가기 1~2년 전에 시작합니다. 또한, 신도시계획과 자족기능을 할 수 있는 대형 산업단지가 동반해서 들어오는 지역을 중심으로 합니다. 그래서 투자하기 전 6개월 동안 공부를 하고 그 지역의 특성적인 모든 부분을 권리분석해서 철도, 도로, 교통, 산업단지, 신도시 개발계획 같은 전반적인 부분을 철저히 조사분석 후, 투자를 진행합니다. 이렇게 하면 99% 토지 투자에 성공합니다. 이렇게 정확하게 알고 투자하면 투자 기간을 상당히 단축시킬 수가 있습니다. 그래서 첫째도 공부, 둘째도 공부, 셋째도 공부입니다. 아는 만큼 보이는 법입니다.

더 쉽게 풀어드리면 신도시가 건설되는 곳, 대형 신도시와 인접되어 산업단지가 들어오는 곳, 신도시와 인접된 곳에 고속도로가 만들어지는 곳, 신도시와 인접한 곳에 고속철도가 만들어지는 곳, 이런 곳이 제가 원하는 투자 대상 지역입니다. 이런 곳들은 개발이 다 끝난 후에 가보면 상상할 수 없는 가격으로 폭등해 있습니다.

예를 들어, 수원 광교가 생기기 전에 그 주변은 원천유원지라고 수원의 변방이었던 곳입니다. 동탄은 허허벌판 논밭이었던 곳이 상업도시의 중심으로 자리매김했습니다. 광교도, 동탄도 사실은 원형지 땅이었다는 것입니다. 누군가는 그곳에 깃발을 먼저 꽂았을 테고, 누군가는 망설이다가 투자하지 못했을 테고, 누군가는 아예 관심도 가지지 않았을 것입니다. 결과론적으로 말씀드리면 허허벌판이었던 곳이 우리가 꿈을 꾸는 환상적인 도시로 만들어졌다는 사실입니다. 한 가지 변하지 않는 사실은 우리가 숨을 쉬고 있는 순간에도 도시는 건설되고 있고, 우리가 잠을 자는 시간에도 산업단지는 공사가 계속되고 있으며, 우리가 걱정하는 순간에도 서해선 복선전철역이 여전히 만들어지고 있다는 사실입니다. 우리가 일이 바빠서 땅을 관리하지 못해도 개발 호재가 있는 지역의 땅은 여전히 오르고 있습니다. 내가 걱정하고 애쓰지 않더라도 개발 호재가 그 지역을 성장시키고 내 땅의 가치도 스스로 올라가고 있습니다.

저는 평택에 삼성반도체 120만 평, 고덕국제신도시 405만 평, 총합 525만 평이 개발될 때 그 주변의 땅을 몇 개 사놓았습니다. 그 이후 특별하게 그 땅에 대해서 노력하지 않았습니다. 그럼에도 불구하고 삼성반도체는 여전히 공사가 멈추지 않고, 평택 고덕국제신도시는 여전히 1단계를 넘어서 2단계 공사를 진행하고 있으며, 49층 브리티시 고덕은 여전히 청약이 진행되고 있습니다. 호재가 있는 지역의 가공되지 않은 원형지 땅은 누가 뭐라고 해도 올라갈 수밖에 없는 구조로 되어 있습니다.

왜 그럴까요? 토지에 대한 메커니즘을 이해하면 충분히 공감할 수 있는 내용입니다. 땅 위에 빌딩이 지어집니다. 땅 위에 산업단지가 세워지게 되어 있습니다. 그런데 애석하게도 그 땅 위에 지어지는 빌딩과 산업단지 주변의 땅은 한정되어 있습니다. 산업단지가 세워지고, 도시가 세워진다는 것은 고용이 증가된다는 말입니다. 고용 증가는 곧 인구가 늘어난다는 이야기입니다. 인구 증가는 주변에 주거와 근린상업시설들이 필요하다는 말입니다. 주거시설과 근린상가들은 땅 위에 세워집니다. 산업단지와 인구 증가는 곧 교통 문제로 이어지게 되어 있습니다. 고속도로나 4차선, 6차선 도로들이 기존도로를 갈아엎고 그 위에 덮이는 일들이 순식간에 일어납니다. 산업단지에 들어가지 못한 작은 외주업체들로 주변 땅들의 품귀현상이 일어나기도 합니다. 곧 땅값이 폭등하기 시작합니다.

땅은 한정되어 있습니다. 그렇기에 땅의 용도가 바뀌기도 합니다. 도시지역이 확장되고 관리지역은 용도지역이 상향됩니다. 가령 농림지역이 생산녹지가 되고, 생산녹지가 자연녹지가 되며, 관리지역은 농림지역이 생산관리가 되고, 생산관리는 계획관리가 되는 놀라운 일들이 개발지 주변에서 일어납니다. 어떤 분은 믿지 못하겠다고 합니다. 저는 자료를 가지고 말합니다. 저는 현장에서 말합니다. 현장에서 뛰어다니며 찾은 자료로 현장에서 흘린

땀으로 가치를 증명합니다. 제 사무실에 오시면 용도지역이 바뀐 자료들이 넘쳐납니다.

그래서 저는 투자할 때 기준을 잡아서 해야 하고, 투자할 지역에 대해서 공부하시라고 말씀드리는 것입니다. 저는 동탄에 투자를 하지 않습니다. 아마도 20년 전이라면 동탄에 투자했을 것입니다. 그때는 아마도 동탄이 논밭으로 되어 있었기 때문입니다. 그런데 지금의 동탄은 투자 가치가 있는 원형지를 찾기가 어렵습니다.

그럼 어디에다 투자해야 좋을까요? 저는 송산그린시티를 추천합니다. 송산그린시티는 아직 원형지 땅밖에 없기 때문입니다.

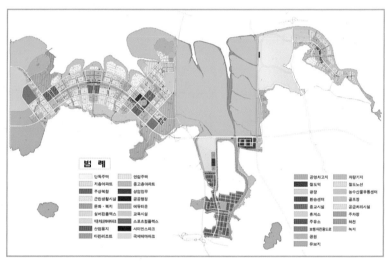

경기도 화성시 송산그린시티 토지이용계획도   출처 : 토지이음

개발은 언제 되냐고 묻는 사람이 있습니다. 이런 질문을 받을 때마다 안타까운 마음이 듭니다. 벌써 개발이 시작되었고, 공사가 진행 중인데 이런 것을 모르고 있습니다. 송산그린시티는 1,700만 평이 개발되고 있습니다. 신도시를 중심으로 8차선 동서진입

도로가 개통되었고, 주변에 제2외곽순환도로 마도IC, 화성IC가 개통되었으며, 제2서해안고속도로 고정IC가 예정되어 있고, 서해선 복선전철이 국제 테마파크역, 송산역, 화성시청역, 향남역까지 네 개가 공사 중에 있습니다. 더불어 화성 국제 테마파크가 96만 평이 개발되고 MOU를 넘어 사업계약까지 체결한 상태이며, 시청 공무원들은 화성 국제 테마파크의 성공적인 개발을 위해 여러 지원을 아끼지 않고 있고 올해부터 공사가 시작됩니다.

국제 테마파크는 IT기술이 접목된 놀이기구 중심의 어드벤처월드, 사계절 휴양 워터파크 퍼시픽 오딧세이, 공룡알 화석지와 연계한 쥬라지월드, 장난감과 캐릭터로 꾸며진 키즈파크 브릭앤토이킹덤이라는 네 가지 테마로 만들어지는데, 롯데월드의 24배, 에버랜드의 3배 면적입니다. 직접고용만 15,000명이고, 간접고용은 11만 명이라고 합니다.

보통 어떤 신도시나 산업단지, 테마파크 시설들이 들어오게 되면 토지 보상 문제로 한참 속을 썩입니다. 보상 문제로 몇 년을 허비하기도 합니다. 그런데 제가 이곳에 처음 왔을 때 이상하리만큼 조용했습니다. 보통 개발이 되면 주변에 플래카드나 토지 보상에 대한 깃발들이 즐비한데, 이곳에는 그런 플래카드가 보이지 않습니다. 왜 그런가 보았더니 개발되는 1,700만 평 전체가 수자원공사 땅이었던 것입니다. 다시 말씀드리면 토지 보상 문제가 없다는 것입니다. 이는 공사기간, 공사계획을 설계하기가 아주 용이하다는 뜻이기도 합니다.

이렇게 큰 규모로 신도시, 4차산업단지, 자율주행, 국제 테마파크, 고속도로, GTX급의 고속전철인 '서해선 복선전철' 공사가 동시다발적으로 진행 중인 송산그린시티에 투자를 안 한다면 도대체 어디에 투자를 해야 할까요? 사실 송산그린시티에 대한 주제로 강의를 하면 3시간 이상을 침이 마르도록 할 수 있습니다. 그만큼 송산그린시티의 성장과 발전에 대한 확고한 믿음이 있기 때문입니다. 송산그린시티는 평택 고덕국제신도시 삼성반도체가 있는 5년 전의 모습과 매우 흡사합니다. 아니 그 이상이라고 말할 수 있습니다. 신도시도 그렇고 산업단지도 그렇고, 고속도로, 철도 모든 것이 비슷한데, 송산그린시티의 개발 규모가 훨씬 큽니다.

땅이 필요한 실사용자들은 개발지가 필요 없습니다. 그냥 공기좋고, 물 좋으며, 환경 좋은 곳, 집 짓고 작은 가게를 할 수 있는 그런 땅을 사면 됩니다. 땅값이 올라가든, 안 올라가든 상관없이 그곳에서 살고, 그곳에서 장사하면 되니까 아무 문제가 없습니다. 그러나 투자를 꿈꾸시는 분들은 이야기가 다릅니다. 그런 곳에 땅을 사서 땅값이 오르기를 기대하신다면 큰 낭패를 보게 됩니다. 투자적인 측면에서 보면 꽝입니다.

제가 배우고 적용한 원리에 의하면 투자는 대규모적인 개발이되는 지역에 원형지를 사야 하고, 개발 직전에 사시는 것이 가장 훌륭한 투자 타이밍입니다.

실감 나는
토지 매수 이야기

좋은 땅 매수 이야기 ①
맹지로 된 땅
다시 살리기(안성시 신기리)

소재지	경기도 안성시 서운면 신기리
용도지역/평수	자연녹지/1,710평
평단가	53만 원
특징	안성 제5산업단지 연접 서울-세종고속도로IC 개통

경기도 안성시 서운면 신기리 소재지 위치　　　　　　　　출처 : 네이버 지도

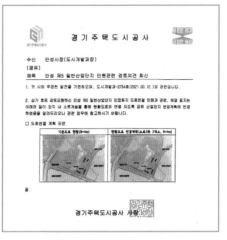

신기리 땅 도로 관련 공문

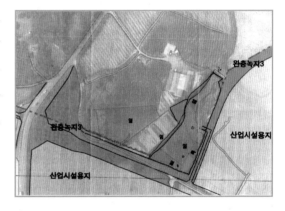

    2020년부터 안성 토지는 상승기류가 포착되었습니다. 서울-세종 고속도로IC가 안성에만 네 개가 건설되는 이슈와 철도, 용인 SK하이닉스 배후지역 같은 굵직한 대형 호재들이 겹쳐 있어 안성시 고삼면, 보개면 일대로 땅값이 상승했고, 안성의 또 다른 지역을 찾고 있던 중 안성시 서운면이 눈에 들어왔습니다.

    제가 임장을 다니면서 몇 가지 확인하는 것이 있는데, 그중 하나가 산업단지가 만들어지는 곳과 그곳에서 도로가 어떻게 만들어지고 이어지는가, 그리고 IC가 산업단지에서 얼마나 떨어져 있는가 하는 것입니다.

    안성시 서운면 일대의 입지분석을 보면 현재 안성의 산업단지들이 집중적으로 모여 있는 곳이 서운면 일대입니다. 서운면 일대에 있는 산업단지를 보면 안성 제2산업단지, 안성 제3산업단지, 안성 제4산업단지, 미양농공단지, 미양일반산업단지, 그리고 새로 만들어지는 안성 제5산업단지(중소기업산업단지) 등 안성의 모든 산업단지가 이곳에 몰려 있습니다. 또한 이 주변에 남안성IC가 있고, 서운입장IC가 2024년에 개통되기에 향후 안성 제5산업단지가 만들어지고 서운입장IC가 만들어지면 분명히 이 주변으로 유동성이 확대되고 인프라가 형성될 것 같아 선제 투자를 하기로 했습니다.

일단 무작정 현장이 있는 서운면에 직원들과 함께 나들이 가는 마음으로 동행했습니다. 현장 주변을 왔다 갔다 하면서 동태를 살펴보았습니다. 아직 활기를 띠고 있지 않은 산업단지 주변의 풍경이었습니다. 주변 토지가격이 얼마에 어느 정도 거래되었는지 휴대전화로 실거래가 자료들을 실시간으로 확인하면서 가장 적합한 투자처를 찾아보았습니다. 이곳 서운면도 가격이 꽤 올랐습니다. 안성은 경기도 최남단에 위치해 있는 관계로 그동안 토지가격이 상대적으로 저렴했는데, 서울-세종고속도로의 안성 개통 예정이 가격을 상승시켰습니다.

한참을 돌아보고 식사를 하고 또 돌아보고 눈으로 도로와 지형을 살펴보면서 투자할 최적의 위치를 찾았습니다. 사실 이곳은 처음 오는 것이 아니라 2년 전부터 계속 주시하는 곳이었는데, 다른 곳에서의 일이 바빠서 미루어놓은 지역이었습니다.

기존에 있는 산업단지 주변은 가격이 이미 올랐고, 새롭게 만들어지는 안성 제5산업단지(중소기업산업단지)와 서운입장IC가 개통되면 이슈를 충분히 일으킬 수 있는 지역임을 확인하고, 이곳의 물건이 얼마나 나와 있는지 네이버 부동산에 접속해서 확인해보 았습니다. 특별히 마음에 드는 물건들이 나와 있지 않아 현지 공 인중개 사무소에 가서 확인해보아야 할 것 같았습니다. 도로에서 잘 보이는 ○○부동산 문 앞에 주차를 했습니다. 이미 주차할 때부 터 안쪽에서는 유리창으로 우리를 주시하고 있었습니다. 외제차 를 타고 오는 손님이다 보니 실투자자로 생각했는지도 모릅니다. 임장을 다니면서 현지 공인중개 사무소에 들를 때는 좋은 차를 타 고 가면 대우가 달라집니다. 소형차를 타고 가서 10억 원 이상 되 는 물건을 찾는다고 하면 물건이 있어도 잘 보여주지 않습니다. 또한 남루한 차림새로 땅을 찾으면 공인중개사가 숨겨놓은 좋은 땅을 주지 않는 경향이 있습니다. 반면 외제차를 타고 가면 주차 할 때부터 주목받는 느낌이 있습니다. 그리고 대우가 달라지는 것 을 실제로 많이 느낍니다. 그래서 땅을 보러 현지에 갈 때는 좋은 차를 타고 갑니다. 좋은 땅을 놓치지 않기 위해서입니다. 아직 우 리 사회는 외적으로 보이는 것을 무시할 수 없습니다.

○○부동산 중개사님이 반갑게 맞이해주셔서 서운면에 대한 브 리핑을 1시간 정도 듣고 10억 원 안팎의 좋은 땅을 소개해달라고 부탁드렸습니다. 안 그래도 며칠 전에 지주를 통해 좋은 땅을 받 은 것이 있다고 말씀하셨습니다. 기대하는 마음으로 위치를 확인 해보니 제가 찾던 안성 제5산업단지와 붙어 있는 땅이었습니다. 심지어 정말 착한 가격에 나왔습니다. 평당 자연녹지 임야가 55만 원입니다. 이 땅에 대해서 30분 이상 들어보니 사연이 있는 땅이 었습니다. 현재 안성 제5산업단지는 보상이 거의 다 이루어졌고 공사 시기만 잡으면 된다고 말씀하셨습니다. 더욱이 이 땅은 사실 산업단지가 만들어지는 정문으로 나가는 길에 붙어 있는데 하필

이면 완충녹지로 되어 있어 허가가 나지 않았던 땅이었습니다. 그런데 수용이 되면서 주변에 지주들께서 이렇게 되면 공단과 붙어 있는 땅들이 맹지가 되기에 맹지가 되지 않도록 도로를 확보해달라고 민원을 넣었고, 결국 안성시에 정식 공문을 통해 산업단지 조성 시 맹지화되지 않도록 산업단지 계획을 변경해서 추진하겠다는 공문을 받은 상태의 토지였습니다.

　보통 개발을 하게 되면 수용지 땅이 나올 수도 있고, 불가피하게 맹지가 되는 땅도 있을 수 있습니다. 그래서 잘 협상해서 수용가를 잘 받는 방법으로 해결하기도 하고, 행정심판을 통해 판결을 받기도 합니다. 일반적으로 보면 산업단지 경계선은 완충녹지나 연결녹지로 많이 되어 있습니다. 산업단지를 교통사고나 수질오염, 대기오염, 소음, 진동 같은 공해와 일정한 간격을 두어서 푸른 녹지지대를 만들고, 두 지역을 분리시켜 안전지대로 만들 목적으로 두는 것이 완충녹지입니다. 그런데 이런 단절된 완충녹지를 뚫어서 조그마한 길을 만들어 민원을 해결했던 것입니다. 아마도 이 땅의 지주가 적극적으로 나선 것 같습니다. 안성 제5산업단지가 21만 평이 계획되면서 주변에 수용이 되고 민원이 발생하면서 이 땅의 지주가 수용대책위원회 부위원장쯤 되었던 분이셨고, 자신의 땅이 산업단지로 인해 맹지화가 되기에 적극적인 노력으로 맹지가 되지 않도록 애를 쓰셨다고 합니다. 곧바로 현장에 가보았고 향후 산업단지가 만들어지면 이런 곳은 도시지역 자연녹지이고, 산업단지 정문 쪽에 딱 붙어 있는 토지이기에 기숙사로 만들든지 원룸이나 빌라 같은 주거 형태로 만들 수 있는 최고의 땅이라는 생각에 가슴이 뛰기 시작했습니다.

　"사장님, 이거 평당 55만 원인데 평당 2만 원만 내려주세요. 그럼 오늘 바로 가계약금 넣겠습니다."

"지주분께 전화해서 설득해보겠습니다. 댁에 가서 기다리시면 저녁때까지 확인해서 연락드리겠습니다."

"네, 그럼 믿고 가겠습니다."

어떻게 되었을까요? 그날 오후 흔쾌히 할인된 가격 평당 53만 원으로 총 9억 1,000만 원에 계약할 수 있었습니다. 이런 땅은 향후 산업단지 개발과 동시에 3배 이상 올라갈 수 있는 땅입니다. 이 땅의 지주는 30년 전에 이 땅을 샀다고 합니다. 30년 전에 사서 지금까지 가지고 있었지만 30년 동안 가지고 있으면서 오른 땅값보다 향후 3년 동안 올라갈 땅값이 높다는 것을 지주는 알고 있을까요? 절대 알 수 없습니다. 이런 사실은 절대적으로 경험을 해본 사람만이 알 수 있습니다. 향후 3년 뒤에 그렇게 오를 수 있다는 예상을 했다면 그 지주분은 절대로 땅을 내놓지 않았을 것입니다.

이것이 땅의 비밀을 알고 있는 사람의 특권입니다. 이 특권을 토지 투자하시는 모든 분이 누리시길 기대합니다.

좋은 땅 매수 이야기 ②
성토 작업으로
성형수술하기(평택시 고잔리)

평택은 고덕국제신도시와 삼성전자 평택캠퍼스의 건설로 인해
인구가 증가하고 있는 도시 중에 향후 판교와 같은 도시로 발전할
곳이라고 생각합니다. 고덕국제신도시에서 대규모의 택지 개발이
이루어지고 있고, 삼성전자의 핵심 공장이 평택에서 계속 만들어
지고 있기 때문입니다. 더구나 아직 협력업체들이 내려오지 않은
상태인데도 불구하고 삼성 주변은 활기로 가득 차 있습니다. 향후
삼성반도체 공장 6기까지 짓고 사무동 53층 건물이 완성되고 나
면 삼성전자 협력업체들로 넘쳐날 것입니다. 이런 평택 땅은 부르
는 것이 값이 되어버렸습니다. 지금도 평택 땅에 대해서 문의해
주시는 분들이 많은데, 평택 땅은 이미 오를 대로 올라 좋은 땅을
구하기가 어려운 것이 현실입니다. 그렇게 평택 땅은 이제 사기가
어렵겠다는 생각을 하고 있는데, 평소 친분이 있는 공인중개 사무
소에서 좋은 땅이 매물로 나왔다고 연락이 왔습니다.

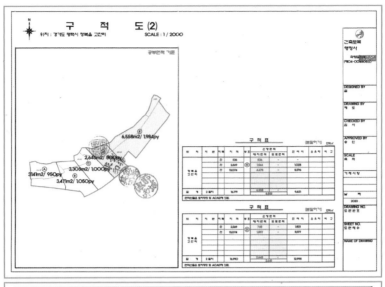

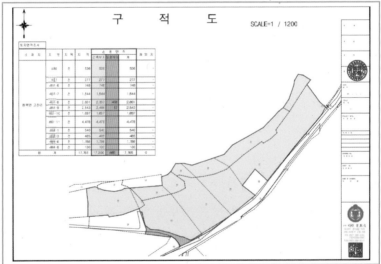

경기도 평택시 청북읍 고잔리 땅 구적도

2차선 대로변에 붙어 있는 청북읍 땅이었습니다. 6,000평이 조금 모자라는 땅에 전체금액 40억 원 가까이 되는 조금 무거운 땅이지만 입지가 좋아 매력이 있는 땅이었습니다. 향후 성토를 해서 2차선에서 차가 바로 진입할 수 있도록 만들면 아주 훌륭한 땅이 될 것이라는 생각에 이 땅을 어떤 분들에게 나누어줄까 고민이 생겼습니다.

이 땅은 전면에 250m가 붙어 있는 2차선 대로변이기에 원하는 만큼 도로에서 분할해서 가져가기가 용이합니다. 땅을 사려고 하는 사람들이 원하는 만큼 잘라줄 수 있는 여건이 되는 땅이라는 것입니다. 첫인상이 좋았던 수원 광교의 파리바게뜨 사장님, 수지의 피부과 원장님, 현대자동차에서 근무하시는 분께 빨리 오시면 한자리 잡을 수 있다고 말하니, 그날 바로 찾아오셨습니다. 이분들께 각각 1,000평씩 나누어주었습니다. 그리고 법인으로 2,000평을 가져가기로 하고 나머지 800평은 형님에게 드렸습니다. 이렇게 40억 원 가까이 되는 땅도 입지가 좋으면 순식간에 처리할 수 있습니다.

그럼 이 땅을 선택하게 된 이유에 대해서 설명하도록 하겠습니다.

첫째, 가격 면에서 아주 훌륭했습니다. 평당 70만 원이 되지 않는 금액이었기에 주변 땅에 비해 가격이 매력적이었습니다. 물론 6,000평 가까이 되는 땅이기에 누구든 쉽게 계약하기가 어려운 땅입니다. 충분한 자금이 있어야 하고 개발 능력이 있는 사람이 필요한 땅입니다.

둘째, 2차선 대로에 붙어 있는 땅이라 도로 확보나 배수로 확보가 문제가 되지 않아 기업들이 좋아하는 땅입니다. 보통 기업에서는 2차선에서 바로 들어가는 땅을 선호하기 때문입니다.

셋째, 이 땅과 인접된 공장의 공시지가를 확인해보니 평당 1,147,000원입니다. 공시지가가 이렇게 높다는 것은 실거래가는 아마도 평당 200만 원이 넘어갈 수도 있다는 이야기입니다. 시골 땅은 공시지가가 현 시세 대비 낮게 책정되어 있습니다. 도시는 공시지가가 실거래가와 거의 비슷하게 되어 있지만, 시골 땅은 시세 대비 보통 3배 이상 차이 나기도 합니다. 그럼에도 불구하고 어찌 되었든 바로 옆에 붙어 있는 공장의 공시지가가 114만 원가량 되는 것을 확인한 이상, 이 땅이 저평가되어 있다는 판단하에 계약을 할 수 있었습니다.

이 땅의 계약 절차도 처음 제가 계약을 해놓고 계약금도 모두 지급한 후에 기존 지주님들의 사용승낙서를 받아 6,000평이나 되는 땅을 같이 사는 사람들과 공유할 수 없어 단독으로 필지를 떼어내서 본인들의 필지로 만들어주기 위해 개발행위허가를 통해 매매에 의한 분할로 정확하게 분필해서 등기할 수 있도록 도와드렸습니다.

그리고 이 땅이 저평가되어 있었던 가장 큰 문제는 도로보다 5m 이상 낮게 되어 있는 땅이라 도로에서 직접 들어갈 수 없었던 것인데, 이를 해결하려면 5m 이상 성토작업을 해야 했습니다. 그런데 6,000평을 모두 메꾸려면 흙값만 5억 원이 넘게 들어갈 수도 있는 상황이었습니다. 그러나 다행히 인근에 4차선 도로공사가 한창 진행 중인 것을 확인했기에 개발행위허가서를 내어 성토하는 데 6개월 가까이 거치면서 1억 원 정도에 공사를 마칠 수 있었고, 현재는 2차선 도로에 완벽하게 붙어서 진입이 가능한 땅으로 만들었습니다.

이 땅 주변의 4차선 공사가 내년쯤 마무리될 것 같습니다. 차량은 4차선 도로에서 빠져나와 이 땅으로 연결되기 때문에 이 땅의 유동성은 더욱 높아집니다. 그만큼 이 땅의 가치가 올라갈 것입니다. 땅을 살 때는 사려고 하는 땅을 네이버 위성사진에서 확인하고 주변에 개발되는 무엇이 있는지, 도로 개설이 어떻게 되는지, 그 도로는 내가 사려고 하는 땅과 어떤 밀접한 관계가 있는지 꼭 확인해봐야 하는데, 이러한 것들이 지가 상승의 결정적 요인이 되기 때문입니다.

최상의 입지 조건이 갖추어져 있는 땅은 시간의 문제이기에, 결국 개발의 시간이 다가오면 지가가 올라가는 구조로 되어 있으므로 걱정할 필요가 전혀 없습니다. 결국 올라갈 수밖에 없는 땅을 고를 수 있는 눈이 필요합니다. 정확한 입지분석을 통한 토지 매입은 부자를 꿈꾸게 하는 원동력입니다.

좋은 땅 매수 이야기 ③
교통량이 많은
대로변 토지(화성시 신남리)

경기도 화성시의 신남리 지역은 화성시청역과 화성IC의 개통 예정으로 땅값이 상승되고 있었습니다. 화성시청역이 만들어지고 바로 옆으로 서울 외곽고속도로 화성IC가 개통되면 지가 상승이 유력해지는 곳이 신남리였습니다. 이 주변으로 3개월째 물건을 찾아도 마땅한 것이 없었습니다. 위치가 좋으면 가격이 좋지 않고, 가격이 좋으면 위치가 좋지 않은 이런 상황이 계속되어 더이상 기대를 하지 않고 있을 때 이 주변 작업자인 홍 사장님으로부터 연락이 왔습니다.

"김 대표님, 이번에 작업을 제대로 했습니다. 지주들이 여러 명이고 필지도 여러 개라 합의보는 데만 6개월이 넘게 걸린 땅입니다. 고민하지 마시고 바로 찍으셔도 됩니다. 이거 내일까지 결정하지 못하시면 다른 곳에 넘겨야 합니다."

너무나 자신 있는 말투에 대꾸도 하지 못하고 "홍 사장님이 신

경기도 화성시 남양읍 신남리 소재지 위치   출처 : 카카오맵

경 쓰셔서 작업하셨을 텐데 당연히 그래야지요…"라고 말한 후, 주소를 받아 현장으로 달려가보았습니다. 제가 제일 먼저 보는 것이 가격과 입지인데 둘 다 만족스러운 땅이었습니다.

신남리에서 화성시청역과 화성IC 쪽으로 가는 메인 도로 2차선에 딱 붙어 있는 땅이고, 9억 4,600만 원의 843평 여섯 개 필지입니다. 초보자들은 필지가 여러 개이면 좋아하지 않습니다. 보기가 좋지 않고 여러 개로 나누어져 있다 보니 신경이 쓰이나 봅니다. 진짜 토지 투자자는 필지 수량보다는 사려고 하는 전체 필지의 모양을 봅니다. 지금 이 땅은 2차선 대로에 붙어 있는 땅이기도 하지만 코너가 만들어져 있는 땅이기도 합니다. 향후 충분히 만족할 만한 쓰임새 있는 땅이 되리라 확신했습니다.

평당 120만 원이면 아주 저렴했습니다. 보통 2차선 도로에 붙어 있는 땅들이 평당 150만 원 이상 했었는데, 이 땅은 필지가 여러 개고 지주들도 여러 명이라 각자 팔기는 어려운 땅이면서 협력해서 모아야 땅 모양이 만들어지는 구조로 되어 있어 가격이 저렴

경기도 화성시 남양읍 신남리 소재지 위치　　　　　　　　　출처 : 카카오맵

했던 것 같습니다.

　홍 사장님께 바로 전화를 넣어 땅이 괜찮은 것 같다고 계좌번호 넣어주시면 곧바로 가계약금을 입금하겠다고 했습니다. 은행에 전화해서 감정평가를 부탁했더니 5억 원까지 대출이 가능하다는 이야기를 들었고, 현금 4억 4,600만 원만 있으면 등기하는 데 문제가 없었습니다. 입지가 너무 괜찮아서 이 땅은 조금 오래 가져가기로 했습니다. 3년을 예상합니다. 농지이기에 3년 동안 농사를 지어야 합니다. 그래야 사업용 토지가 되어 세금도 줄일 수가 있고 시세차익도 실현할 수 있습니다. 이 땅은 평당 120만 원에 산 땅인데 1년이 지난 현재 평당 250만 원을 호가합니다.

　이 주변은 차량의 유동성이 많은 지역입니다. 마도산업단지에서 나오는 차량들은 화성IC를 타야 하기에 사놓은 땅 2차선으로 반드시 지나가야 하는 길목에 있는 입지라 더욱 기대되는 땅입니다. 그리고 화성시청역이 개통되면 차량은 늘어날 것이고 주변은 더욱 개발 압력이 높아질 것으로 기대됩니다.

실패하지 않는 땅을 매입할 때는 이처럼 차량이 많이 다니는 2차선 대로변에 있는 땅을 공략해보는 것도 좋습니다. 물론 가격이 조금은 비쌀 수도 있지만, 그래도 오르는 땅은 이렇게 2차선이나 4차선 대로변의 땅으로 절대 물리지 않는 땅이 되는 것입니다. 또 하나 기억해야 하는 것은 대로변이라고 하더라도 주변에 개발 호재가 없다면 굳이 애써서 살 필요가 없습니다. 주변에 어떤 호재가 있는지, 차량의 유동성이 늘어날 수 있는 원인이 무엇인지 등 권리분석을 철저히 하고 매입한다면 성공적인 투자가 되리라 확신합니다.

땅을 매입한 이유

2차선 대로변 코너에 위치한 땅이다

차량이 주로 다니는 메인 도로에 위치해 있고, 이 도로 또한 지나가는 도로가 아닌 주변에 상가들이 모여 있는 도로이다. 또한 코너가 형성되어 있는 땅이라 향후 쓰임새가 많아질 땅으로 예상된다.

주변에 크고 작은 산업단지들이 모여 있다

현대자동차 남양연구소가 있고, 화성 마도산업단지, 한화 바이오밸리 같은 산업단지들이 주변에 위치해 있기에 차량의 유동성이 충분히 확보되어 있다.

화성시청역과 화성IC의 개통이 예정되어 있다

주변 3km 이내에 화성시청역과 화성 IC가 동시에 만들어지고 있다. 이것이 개통하면 분명 차량의 흐름이 많아질 것이다.

주변 시세보다 낮게 나왔다

몇 개월 전부터 이 지역의 땅을 찾아보았는데 이렇게 2차선에 붙어 있는 땅들은 시세가 평당 150만 원이 훌쩍 넘어 있었다. 그런데 평당 120만 원이면 아주 매력적인 가격으로 볼 수 있다.

현재 2차선 도로에 딱 붙어 있는 이 땅은 꼭 필요한 분이 계셔서 1년 6개월 만에 20억 3,000만 원의 매도 계약으로 계약서를 미리 받아놓았습니다. 2023년 8월 22일에 매도하기로 계약서를 작성해서 계약금, 중도금까지 받았습니다.

이렇게 잔금 날짜를 길게 잡은 이유는 농지는 사업용 토지가 되려면 3년 이상 농지로 사용해야 인정받을 수 있기 때문에 잔금일에 맞추어 사업용으로 매매해야 비사업용 토지에 중과되는 세금을 줄일 수 있기 때문입니다.

결국 9억 5,000만 원에 사서 20억 원으로 매매했던 좋은 사례이고, 그만큼 토지의 입지는 수익과 직결된다는 것을 결과로 보여준 좋은 사례입니다.

좋은 땅 매수 이야기 ④
절반 가격에 매수한 토지(화성시 전곡리)

소재지	경기도 화성시 서신면 전곡리
용도지역	계획관리 임야
평수	1,722평

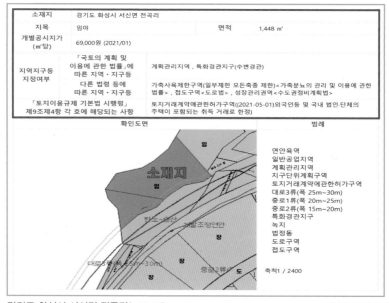

소재지	경기도 화성시 서신면 전곡리		
지목	임야	면적	1,448 ㎡
개별공시지가 (㎡당)	69,000원 (2021/01)		
지역지구등 지정여부	「국토의 계획 및 이용에 관한 법률」에 따른 지역·지구등	계획관리지역 , 특화경관지구(수변경관)	
	다른 법령 등에 따른 지역·지구등	가축사육제한구역(일부제한 모든축종 제한)<가축분뇨의 관리 및 이용에 관한 법률> , 접도구역<도로법> , 성장관리권역<수도권정비계획법>	
	「토지이용규제 기본법 시행령」 제9조제4항 각 호에 해당되는 사항	토지거래계약에관한허가구역((2021-05-01)외국인등 및 국내 법인·단체의 주택이 포함되는 취득 거래로 한정)	

확인도면

범례

소재지
임
임
산도·종산
개발조정연안
대로3류(폭 25m~30m)
중로2류폭
장
장
장
도

연안육역
일반공업지역
계획관리지역
지구단위계획구역
토지거래계약에관한허가구역
대로3류(폭 25m~30m)
중로1류(폭 20m~25m)
중로2류(폭 15m~20m)
특화경관지구
녹지
법정동
도로구역
접도구역

축척1 / 2400

경기도 화성시 서신면 전곡리(1,722평)

출처 : 토지이음

경기도 화성시 서신면 전곡리 소재지 위치   출처 : 카카오맵

이번에 소개할 토지는 전형적이고 정석적인 권리분석에 의한 토지 매입 사례입니다. 이런 분석을 할 수 있다면 토지를 읽을 수 있는 눈이 있다고 보셔도 좋을 사례입니다.

지리적인 특징을 살펴보면 이 땅은 평택시흥고속도로 송산마도 IC에서 나오면 15분 정도 되는 거리입니다. 이 땅 맞은편으로 전곡해양일반산업단지가 50만 평이 조성되어 기업들이 들어와 있는 상황이고, 산업단지가 있기 때문에 출퇴근 시간이나 주말에는 막히는 도로가 되어버렸습니다. 특히 이곳은 전곡항이 있어서 요트를 즐기는 인구가 있고, 제부도 관광단지라는 특징이 있어서 주말에는 몰려드는 관광객으로 차량이 정체되기도 하는 지역입니다. 더구나 전곡항과 이어지는 대부도가 있기에 바닷가로 여행 오는 관광객과 겹치게 되면 주말에는 더욱 정체 구간이 길어지는 특징이 있습니다. 항상 '이렇게 정체되는 4차선 주변에 카페나 대형 식당 같은 사업을 하면 참 잘될 수 있을 텐데…' 생각하면서 지나

다니던 곳입니다.

이런 곳에 대형 호재가 또 하나 있습니다. 바로 제부도 해상 케이블카의 개통입니다. 2021년 12월에 이미 개통했지만 제가 이 땅을 살 때는 개통 전이었습니다. 현재 우리나라에서 제일 긴 해상 케이블카는 여수 해상 케이블카인데, 제부도 해상 케이블카가 오픈되면 2,120m로 제일 긴 해상 케이블카가 되는 것입니다.

이렇게 전곡항, 제부도, 대부도, 해상 케이블카로 직결해서 가는 유일한 길목이 있습니다. 바로 송산 사강에서 전곡항으로 이어지는 301번 4차선 도로입니다. 동쪽에서 오는 모든 차량은 이 도로를 거쳐야 제부도, 전곡항, 대부도로 갈 수 있기에 지금도 많이 쓰이는 도로이지만, 향후 더욱 유동성이 많아지는 유일한 도로입니다. 이곳을 수도 없이 차를 타고 임장을 다니면서 느낀 점이 송산에서 전곡항으로 가는 방향으로 식당이나 카페가 전혀 없다는 것입니다. 왜 그럴까 의아한 마음에 위성지도를 보면서 용도지역을 확인해보니 대부분 농림지역, 생산관리지역, 보전관리지역으로 되어 있습니다. 식당이나 카페를 할 수 있는 2종근린생활시설 부지가 전혀 없습니다. 용도지역이 바뀌지 않는 한 4차선에 붙어 있는 땅이라고 해도 장사해서 수익을 낼 수 있는 땅이 없다는 의미입니다.

향후 송산그린시티가 개발되고, 국제 테마파크가 오픈되면 서해 바다를 보고 싶어 하는 수요가 많아질 것이고, 전곡항에서 제부도 해상 케이블카를 타고 제부도로 들어가는 인구가 폭발적으로 늘게 되면, 송산에서 전곡항까지 이어지는 4차선 도로는 주차장을 방불케 하는 도로가 될 것이라는 예상을 할 수 있습니다.

이런 지역은 땅값이 어느 정도 가시권 안에 들어오면 급등하는

지역입니다. 이것이 관광지의 특징입니다. 지금은 코로나로 사람들의 발걸음이 줄었지만 향후 코로나가 풀리고 주변 인프라가 형성되면 전곡항, 제부도는 사람들로 넘쳐날 수 있는 충분한 환경을 갖추고 있는 지역이라 기대가 되는 곳입니다.

전곡항으로 들어가기 300m 전에 약 8,765평 정도 되는 계획관리지역 땅이 있습니다. 유일하게 이곳만 계획관리지역입니다. 이곳은 카페나 식당을 할 수 있기에 땅값이 충분히 상승할 수 있는 곳입니다. 이 땅의 지주를 확인해보니 연세가 80세 가까이 되신 5명의 지주분들이셨습니다. 그리고 여러분 중에 한 분은 독일에 살고 계시는 분이라 사용 승낙을 받아 개발을 먼저 하려면 외국에서 서류가 오고 가야 하는 불편함이 있어서 등기하기도 쉽지 않겠다는 생각이 들었습니다. 그리고 가지고 있는 전체 땅 면적이 8,765평, 전체금액도 120억 원이기에 이렇게 큰 땅을 매매로 내놓아도 쉽게 덤벼들 사람이 거의 없습니다. 아무리 땅이 좋아도 너무 큰 면적이라 전체를 살 수 없어 살 수 있는 방안을 고민하던 중 한 가지 제안을 했습니다. 될지, 안될지 모르지만 저도 땅에 대한 욕심이 있어서 해결할 수 있는 나름의 방법으로 스스로 만들어가야 했습니다. 저는 공인중개사를 통해 다음의 내용으로 지주분들을 설득해달라고 했습니다.

"이렇게 큰 땅을 한꺼번에 내놓으시면 매입할 사람이 많지 않으니 좌측 끝 1,700평 정도와 우측 끝부분 1,200평을 잘라주시면 매입할 의사가 있으니 지주분들과 상의해서 알려주시면 고맙겠습니다. 특히 지주분들은 연세가 있으셔서 빨리 땅을 팔아 자식들에게 용돈도 주고 행복한 인생을 마무리해야 하는데 현금이 없으시니 행복하지 않을 것입니다. 연세가 드시면 현금만큼 좋은 것이 또 있겠습니까? 잘라서 팔아주신다고 하면 제가 나머지 부분도 처리해드릴 테니 그렇게 말씀해주시길 바랍니다. 잘라서 파나 한꺼번에 파나 어찌 되었든 모두 팔아드리면 되는 것 아닙니까?"

일주일 뒤, 어려운 설득 끝에 그렇게 하겠다는 약속을 받고 계약서를 작성할 수 있었습니다. 이런 땅은 잔금을 조금 늦추어야 합니다. 땅도 크지만 경관지구라 허가상 문제가 발생할 수도 있기에 개발행위허가 조건으로 계약했습니다. 현 지주들을 통해 새로 사는 사람 앞으로 개발행위허가를 받고, 사용 승낙해주는 조건으로 허가가 떨어지고 분필되면 잔금을 치르기로 했고, 잔금은 계약 후 1년으로 길게 잡았습니다.

1차 부지 1,722평, 평당 약 140만 원, 24억 1,080만 원
2차 부지 1,200평, 평당 약 130만 원, 15억 6,000만 원

이렇게 해서 총 40억 원 정도 되는 땅을 계약할 수 있었습니다. 이 토지는 지목이 임야로 되어 있는 개발하기 아주 좋은 4차선 대로변에 위치해 있고, 경사도가 13도 정도 되며, 표고, 밀집도에도 전혀 문제가 없는 땅입니다. 경관지구는 4층 이상 개발되지 않는다는 화성시 조례가 있습니다. 그렇지만 도심이 아닌 시 외곽 지역이기에 4층 이상 필요하지도 않아 큰 문제가 되지는 않습니다.

저는 1차 부지 1,722평을 어떻게 나눌까 고민했습니다. 토목회사와 미팅 후, 세 개의 필지로 나누기로 해서 400평, 722평, 600평으로 가분할했습니다. 작은 400평을 직원에게 주었고, 600평은 좋은 땅이 나오면 꼭 연락해달라던 분당에 계신 고객분께 연락해서 선물로 드렸습니다. 평당 약 140만 원에 산 이 땅은 토목공사

후 곧바로 350만 원에 내놓았습니다.

이곳은 카페나 식당, 편의점같이 실사용자들에게 필요한 땅입니다. 4차선 대로변에 붙어 있는 땅이라 지나가는 차량이 많이 이용할 수 있는 위치이기에 향후 송산그린시티가 발전하고 화성 국제 테마파크가 개장되면, 서해 바다를 보기 위해 이곳을 꼭 지나가야 합니다. 그렇기에 이런 길목에서 할 수 있는 업종들이 들어설 수 있는 최적의 장소입니다. 보통 4차선 도로에 붙어 있는 땅이 이렇게 저렴하게 나오지는 않습니다. 이런 땅을 매수할 수 있었던 것도 어떻게든 방법을 찾으려고 했던 적극적인 노력과 실력, 반드시 매입하겠다는 집념과 간절함이 그 원동력이 아니었을까 생각해봅니다.

이런 땅은 매입 후 짧은 시간 내에 토목공사 후 2배 이상으로 매도해도 충분히 팔 수 있는 땅입니다. 이렇게 좋은 땅을 찾으려면 절대로 앉아서 떠먹여주기를 바라는 마음으로 기다리면 안 됩니다. 적극적인 활동으로 항상 개발지 주변을 돌아다니면서 다양한 정보를 찾고, 사람들을 사귀며, 현지인들과 좋은 관계를 유지하다 보면 기회는 찾아옵니다. 이런 기회가 찾아왔을 때 그것을 분석하는 능력이 있어야 하고, 분석 후 원형지로 팔 것인지, 개발해서 팔 것인지, 분필해서 나누어 팔 것인지 전략을 짜놓아야 합니다. 땅을 살 때부터 팔 때까지 다양한 마케팅 전략을 가지고 있어야 두려움 없이 토지 투자에 나설 수 있습니다. 무엇보다도 현장에서의 경험을 지속해서 쌓아가시길 바랍니다.

현장에 모든 답이 있습니다.

PART

6

토지 개발
이야기

개발행위는 수익을
극대화 시킨다

   토지 투자에 입문해서 사람들과 대화를 나누다 보면 개발행위
허가에 대한 이야기가 자주 나옵니다. 저도 초보 시절 원형지를
사서 개발하지 않고 그대로 매매했을 때는 개발행위허가에 대한
내용을 굳이 알 필요가 없었는데, 땅을 조금 예쁘게 만들어서 매
도하려고 하니 개발행위허가를 받아야 가능하다는 것을 알게 되
었습니다.

   '개발행위허가제도'는 국토의 난개발을 방지하고 계획적 관리
를 도모하기 위해 개발행위에 대해 계획의 적정성, 기반시설의 확
보 여부, 주변 경관 및 환경과의 조화 등을 고려해서 허가 여부를
결정하는 제도를 말합니다. 개발행위허가는 지주의 목적에 맞게
땅을 만들고자 할 때 만나는 첫 번째 관문입니다.

   도로보다 낮은 땅에다 흙을 메우는 것도, 높은 땅을 깎아서 낮
추는 것도, 보강토나 옹벽을 만드는 것도, 내 땅에 필요한 토목시

소재지	경기도 안성시 보개면 양복리(400평)
매입 가격	4억 8,000만 원/평당 120만 원
매도 가격	8억 원/평당 200만 원
대출	3억 5,000만 원
실투자금	1억 3,000만 원
매도 기간	2개월
수익률	246%
결과	2개월 만에 실투자금 1억 3,000만 원으로 세전수익 3억 2,000만 원

경기도 안성시 보개면 양복리 소재지 위치   출처 : 카카오맵

설을 하는 것도, 이 모든 것이 개발행위의 범주입니다. 토지 투자
자로서 개발행위를 통해 얻는 유익은 모양이 나쁜 땅을 예쁘게 만
들 수도 있고, 도로와 배수로를 연결시켜 건물을 지을 수 있는 토
지로 만들어 가치를 높여 팔 수 있기에 지가가 상승한다는 것입
니다.

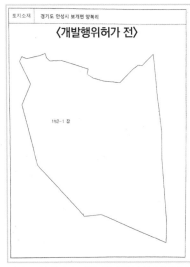
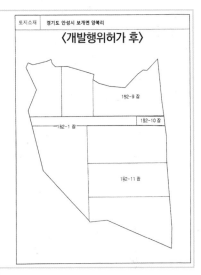

경기도 안성시 보개면 양복리 땅의 가분할도

하지만 개발행위허가를 하게 되면 농지를 개발 시 농지전용부담금이 나오고, 임야를 개발 시 대체산림자원조성비 같은 비용이 발생이 되며, 각종 토목에 관련된 공사비용이 나오기에 원형지를 사서 지가가 상승하면 원형지 그대로 매매하는 것이 좋은지, 아니면 단기간에 매도가 필요할 때는 개발행위허가를 통해서 토목공사까지 해서 파는 것이 좋은지, 아니면 창고나, 공장이나, 주택 같은 목적에 맞게 개발을 해서 파는 것이 좋은지 고민해봐야 합니다.

토지 투자에서 개발행위허가는 수익률을 높이기 위해 충분히 고려할 필요가 있습니다. 보통 원형지는 약간 외형이 보기가 좋지 않습니다. 그러나 조금의 작업만 해놓아도 한결 보기가 좋아 외지인들의 눈에 쉽게 띨 수 있습니다.

안성의 4차선 대로변에 있는 토지가 그랬습니다. 개발행위허가 전 이 땅은 4차선 대로변에 있는 잡종지였고 관리가 되지 않

개발행위 전　　　　　　　　　　개발행위 후

아서 도로보다 1m 이상 높았으며, 풀이 우거져 있어 볼품없는 땅
처럼 보여서 거래가 전혀 되지 않았습니다. 그런데 개발행위허가
를 통해 도로 높이로 땅을 절토하고 굴착기로 예쁘게 다듬어놓고
도로에서 보일 수 있도록 훤하게 노출시켜놓으니 문의가 쇄도했
습니다.

　안성종합운동장 앞이었기에 카페나 식당 자리로서는 최적의 입
지였고, 그 땅은 4억 8,000만 원에 사서 매입 후 2개월 만에 8억
원에 팔 수 있었습니다. 2020년 5월에 평당 120만 원에서 순식간
인 2020년 7월에 평당 200만 원이 되는 순간이었습니다. 2개월
만에 3억 2,000만 원의 수익을 만들 수 있었던 요인은 간단한 개
발행위를 통해서 숨겨져 있던 가치를 드러내 누가 봐도 매력적인
땅으로 만들었기 때문입니다.

　4억 8,000만 원에 매입한 이 땅은 대출 3억 5,000만 원을 받아서
매입했기에 실제 투자금은 1억 3,000만 원입니다. 정확하게 계산
하면 현금 투자금 1억 3,000만 원으로 2개월 만에 3억 2,000만 원
의 수익을 만든 것입니다.

토지를 해보지 않은 사람은 이것이 운이 좋아서라고 이야기하는 사람도 있습니다. 토지를 보는 안목도 실력이고, 매수·매도 타이밍을 잡는 것도 실력이며, 모양을 예쁘게 다듬어서 보기 좋게 만드는 것도 실력이고, 대출을 통한 레버리지를 활용하는 것도 실력입니다. 이 모든 것이 갖추어져 있을 때 좋은 땅이 나오면 잡을 수 있는 것이지, 아무런 준비도, 실력도 갖추어놓지 않은 사람은 좋은 땅이 나와도 매입을 할 수 없습니다.

또한 적절한 타이밍에 매도하는 것도 출구전략의 실력이라고 할 수 있습니다. 이런 땅은 지속해서 가격이 오릅니다. 입지가 좋은 토지를 보는 안목은 보물을 찾는 안목과도 비슷합니다. 이 땅은 제가 팔고 난 후에도 가격이 계속 올라서 2022년 현재 평당 300만 원까지 오른 상태이고, 향후 지속해서 오를 수 있는 호재가 풍부한 지역입니다.

이런 간단한 기술적인 요인으로 땅값을 상승시킬 수 있는 것이 토지 투자의 매력이고, 토지 투자의 기술입니다.

개발을 통한 매도 사례 ①
필지분할을 통한
매도 전략(화성시 안석리)

소재지	경기도 화성시 남양읍 안석리 2필지 계획관리(1,591평)
매입 가격	15억 9,000만 원/평당 약 100만 원
매도 가격	약 27억 원/평당 약 170만 원
대출	7억 원
실투자금	8억 9,000만 원
매도 기간	5개월
수익률	124%
결과	약 5개월 만에 실투자금 8억 9,000만 원으로 세전수익 11억 원

이 토지의 주변 호재는 서해선 복선전철 화성시청역이 2023년에 개통되는 것입니다. 역세권 주변이다 보니 주변 땅값이 지속해서 상승하고 있는 지역입니다. 화성시청역이 개통될 주변에 이미 서희 스타힐스 1차, 2차, 3차, 4차 아파트가 건설되고 있습니다. 근

경기도 화성시 남양읍 안석리 소재지 위치   출처 : 카카오맵

교에 현대자동차 주행연구소가 있고, 주변지역이 성장관리계획지역으로 지정된 곳이 많습니다. 도로 계획도 잡혀 있고 곳곳에 크고 작은 산업단지도 포진해 있는 곳으로 향후 땅값도 꾸준히 상승할 것으로 기대되는 곳입니다

  서해선 복선전철은 신안산선과 연결되어 향후 서울 여의도까지 직통으로 갈 수 있는 황금노선이 됩니다. 물건지 주변으로 임장을 다니면서 땅 아래 지나나(지하철이 지나가는 길목), 땅 위에 설치된 고압선이 지나가는 선하지도 잘 살펴보아야 합니다. 이런 곳은 지상권이 설정되어 있을 수도 있기에 한전이나 시청에 꼭 문의해보고 개발행위허가를 진행시킬 때 문제가 없는지 사전에 철저히 확인하는 습관이 중요합니다.

  이 주변은 서해선 복선전철이 지나가고 있는 땅입니다. 땅속 150m 깊숙한 곳에서 지나가고 있습니다. 혹시 개발하는 데 문제가 발생하지는 않을까 하는 마음으로 화성시청에 문의해보니 큰 지장이 없었고, 주변에 2차선 도로공사계획이 곧 있다는 것을 확인했습니다. 이 도로만 개통되면 화성시청역 쪽으로 차량 유동성이 많아질 것으로 예상되는 좋은 위치의 땅이었습니다.

1,591평, 평당 100만 원, 약 15억 9,000만 원짜리 땅입니다. 이 땅은 면적이 넓어서 그냥은 팔기가 어렵습니다. 개발행위허가를 받아서 분필해서 팔아야 하는 땅입니다. 특히 성장관리계획지역이기에 건폐율이 40%인데 50%로 상향되었고, 용적률은 100%인데 125%로 상향되는 지역이기에 꽤 괜찮은 물건이라 결정하는 것이 어렵지는 않았습니다. 주변 지가를 확인해보니 이 땅과 접경되어 있는 땅이 전원주택지로 당시 평당 230만 원에 팔고 있었기에 평당 100만 원이라면 땅 면적이 크다 하더라도 빠른 결정이 필요했습니다(혹시나 다른 사람에게 빼앗길 수 있는 땅입니다).

다만, 평수가 크기 때문에 출구전략에 문제가 될 수도 있겠다는 생각이 들어서 이 땅을 어떻게 분필을 하고 내부 도로를 만들 것인지 토목사무실에 의뢰해놓았습니다. 대략 4등분으로 나누어 평수를 줄여야 매매하기가 쉽습니다. 1,591평을 사서 그대로 가격을 올리면 상당히 무거운 금액이라 출구전략상 좋지 못합니다. 일단 개발행위허가를 내서 분필과 교환등기를 병행해서 주고받는 작업이 필요합니다.

땅을 팔려고 하는 지주는 가지고 있는 땅 중에서 일부를 팔고 위치가 좋은 곳은 자신이 계속 소유하려고 합니다. 다음 자료에서 보다시피 도로에 붙어 있는 원 주인의 땅이 세로로 50m, 가로 폭이 7m밖에 되지 못해서 농사로 사용하기에는 문제가 없지만 개발하기에는 어려운 땅입니다. 그런데 이 땅이 저에게는 엄청나게 중요한 부분입니다. 이 땅을 확보하면 전면도로 50m가 확보

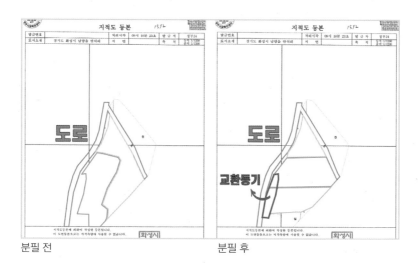

분필 전　　　　　　　　　　　　분필 후

될 수 있고 개발행위허가를 내서 승인받기도 수월합니다. 도로에서 붙어 있는 땅이 50m나 되기 때문에 이 땅을 확보하지 못하면 1,591평을 사더라도 모양을 만들기가 그렇게 좋지 않습니다. 그러나 이 땅을 확보하면 매매에 의한 분할만 하면 모양을 예쁘게 만들 수 있는 노다지 땅이 될 수도 있습니다. 그래서 매입 전 지주께 교환등기를 할 수 있는지 여쭈어보았습니다. 교환등기는 말 그대로 지주 땅과 내 땅을 맞바꾸는 것입니다. 그런데 위치가 도로에 50m나 붙어 있는 지주 땅이 훨씬 좋기 때문에 제가 사려고 하는 땅 40평을 지주에게 무상으로 주는 것으로 정리하고 매수했습니다. 어쩔 수 없습니다. 그래도 이것이 나중에 팔 때를 생각하면 훨씬 유리합니다.

　자, 그럼 지금부터 어떻게 15억 9,000만 원에 사서 5개월 만에 27억 원에 매도할 수 있었는지 풀어보도록 하겠습니다.

매입 사유 및 입지분석

- 이 토지는 당시 주변 시세보다 훨씬 저렴하게 시장에 나와 있었다.
- 이 토지는 임야가 상당히 포함되어 있었고, 임야는 개발 시 대체산림조성비로 전용비가 매우 저렴하다는 장점이 있다.
- 이 토지의 토지이용계획확인원을 살펴보면 성장관리계획지역에 포함되어 있었고 개발계획이 잡혀 있었다.
- 이 토지 주변에 도로공사가 곧 시작된다는 정보를 확인할 수 있어서 향후 도로가 개통되면 지가 상승이 기대되는 토지였다.
- 지주와 사전에 교환등기가 가능하다는 협의를 통해 토지 분할 시 모양을 예쁘게 만들 수 있는 장점이 있었다.
- 주변에 화성시청역이 개통되기 때문에 역세권에 대한 수요가 충분히 있었고, 주변 100m 안쪽에 활초초등학교가 있어서 향후 현대자동차 연구소에 있는 젊은 연구원들의 전원주택 부지로서 최상의 위치가 될 것이라고 예상했다.

출구전략

- 1,591평이라는 땅을 일반인 한 사람이 매입하기에는 큰 면적이기에 적당한 크기로 분필해야 한다.
- 분필 시 적당한 크기의 4등분으로 나누어 330평, 700평(350+350), 561평으로 나눈 후 향후 실사용자의 용도에 맞게 분필할 계획이다.

· 교환등기한 부분을 최대한 활용해 도로면적을 최대한 확보해서 실사용자에게 유리할 수 있도록 분할도를 설계한다.
· 토지의 위치가 구릉지 같은 아늑한 위치이기에 향후 카페나 레스토랑 같은 근린생활시설을 할 수 있도록 개발한다.

이렇게 입지분석과 출구전략을 동시에 설계 후 곧바로 계약했습니다. 계약과 동시에 지주의 사용 승낙을 받아 교환등기할 땅을 토목에 의뢰해서 개발행위허가를 넣어 잔금과 동시에 교환등기가 이루어질 수 있도록 법무사에 요청해놓았습니다. 지적공사에 측량 신청을 하고 난 뒤에 확인해보니 전체 면적에서 70평이 늘었습니다. 지적도는 공부상 면적이 틀리는 경우가 거의 없지만, 임야도는 면적이 조금씩 줄거나 늘기도 합니다.

등록전환을 마치고 교환등기까지 마치는 데 2개월 정도 시간이 걸렸습니다. 이제 분할만 하면 됩니다. 앞서 자료처럼 교환등기를 한 땅을 확보할 수 있어서 밑그림을 그리기가 한결 쉬웠습니다. 분할할 땅의 모양을 최대한 도로에 많이 붙일 수 있도록 하고, 방향도 남향으로 향할 수 있도록 미리 땅 모양을 그렇게 만들어주어야 나중에 건축할 때에도 모양과 면적이 잘 나옵니다.

첫 번째 분할할 땅은 삼각형이지만 도로가 양 갈래로 되어 있어서 향후 근생 용도로 사용하기 매우 좋은 땅으로 330평으로 분할했습니다.

두 번째 땅은 700평으로 대형 카페나 레스토랑 같은 음식점도 괜찮을 만큼 넉넉하게 평수를 분할했습니다.

세 번째 땅은 투자용 땅 561평으로 필요한 사람에게 판매할 목적으로 분할했습니다.

가분할도를 만들고 실제 매매에 의한 분할을 하기 위해서 매수자부터 찾았습니다. 다행히 직원들의 노력으로 위치가 매우 좋은 이 땅은 평당 170만 원을 매매가로 정해 3개월도 안 되어 모두 매도할 수 있었고, 잔금까지 치르는 데 최대 5개월밖에 걸리지 않았습니다.

결국 15억 9,000만 원에 사서 5개월 만에 개발행위를 통해 27억 원에 모두 매매할 수 있었고, 단 5개월 만에 약 11억 원의 수익을 거둘 수 있었습니다.

이처럼 토지는 큰 땅을 사면 시세보다 저렴한 가격에 살 수가 있습니다. 그리고 내가 사려고 하는 지역에 관해서 부단히 공부하고 연구하고 현지인과 소통하다 보면 좋은 땅이 반드시 나옵니다. 단, 그 땅이 좋은지, 나쁜지 구별할 수 있는 실력을 갖추어야 내 것이 됩니다.

아무리 좋은 땅을 줘도 왜 좋은지 모르면 결정을 할 수가 없고 망설이다 보면 다른 사람에게 땅은 넘어가버리기 때문입니다. 잊지 마세요. 땅은 그 땅의 가치를 아는 사람에게 주어집니다.

지적상 임야 현황상 농지 개발하기(화성시 천등리)

소재지	경기도 화성시 송산면 천등리(1,302평)
매입 가격	9억 5,046만 원/평당 약 73만 원
매도 가격	15억 6,240만 원/평당 약 120만 원
대출	4억 5,000만 원
실투자금	약 5억 원
매도 기간	7개월
수익률	122%
결과	7개월 만에 실투자금 5억 원으로 세전수익 6억 1,194만 원

이 토지는 송산그린시티 1,700만 평이 개발되는 서측지구에 위치한 땅입니다. 송산그린시티에서 내려오는 시도 51호선 2차선 도로에 딱 붙어 있는 토지입니다. 장단점이 공존하는 땅입니다. 이런 땅을 접했을 때 사람들은 쉽게 결정하지 못합니다.

경기도 화성시 송산면 천등리 소재지 위치   출처 : 카카오맵

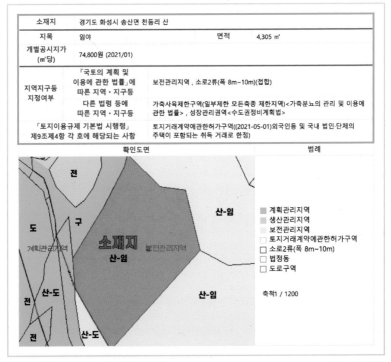

소재지	경기도 화성시 송산면 천등리 산			
지목	임야		면적	4,305 ㎡
개별공시지가 (㎡당)	74,800원 (2021/01)			
지역지구등 지정여부	「국토의 계획 및 이용에 관한 법률」에 따른 지역·지구등	보전관리지역 , 소로2류(폭 8m~10m)(접합)		
	다른 법령 등에 따른 지역·지구등	가축사육제한구역(일부제한 모든축종 제한지역)<가축분뇨의 관리 및 이용에 관한 법률> , 성장관리권역<수도권정비계획법>		
	「토지이용규제 기본법 시행령」 제9조제4항 각 호에 해당되는 사항	토지거래계약에관한허가구역((2021-05-01)외국인등 및 국내 법인·단체의 주택이 포함되는 취득 거래로 한정)		

경기도 화성시 송산면 천등리(1,302평)   출처 : 토지이음

보전관리지역의 땅이라 개발에 약간의 제한을 받을 수 있고, 임야라는 특성 때문에 혹시 개발비용이 많이 들지 않을까 하는 두려움 때문에 망설이기도 합니다. 그리고 큰 면적과 금액이 부담됩니다. 그러나 단점보다는 장점이 많습니다.

일단 제일 먼저 보는 것이 입지입니다. 입지는 시도 51호선 2차선 도로에 접경되어 있는 위치로, 송산그린시티가 만들어지면 신도시에서 빠져나오는 직선도로이기에 유동성이 풍부해질 수 있는 더욱 가치가 있는 땅이 될 것입니다. 도로 전면에 붙어 있는 길이가 50m나 되어 땅의 전체 면적이 크기는 하지만, 향후 분필해서 팔 수도 있고 소매점으로 허가를 받아서 매매해도 되는 장점이 있습니다. 특히 임야라 개발행위허가를 받더라도 산지전용비가 대략 평당 2~3만 원 정도이기에 개발비용이 적게 들어가는 장점이 있습니다.

제일 중요한 하나가 남아 있습니다. 이 모든 것들이 다 만족스러워도 이것이 만족스럽지 않다면 매입을 하지 못합니다. 이것이 과연 무엇일까요? 이것은 매입 단가입니다. 이 땅은 평당 72만 원으로 주변 시세에 비해 아주 낮게 책정되어 있었습니다. 2차선 도로에 딱 붙어 있는 땅이 이렇게 저렴해도 될까요? 제가 사실 1년 전에 바로 맞은편에 있는 계획관리지역 땅을 평당 140만 원에 소개한 적이 있어서 이 주변 가격을 알고 있기에 평당 70만 원이라는 것은 '그냥 줍는 땅'이라는 표현을 사용해야 할 것 같습니다.

혹시나 하는 마음에 배수로를 살펴보았는데 길 건너 바로 아래 배수로가 있었고, 구거를 타고 50m 정도 내려가면 자연 배수할 수 있는 배수로가 있어 문제되지는 않을 것 같았습니다. 혹시 하는 마음에 도로 배수로를 만든 분에게 찾아가서 여쭈어보았더니 자신도 외지에 살다가 와서 집을 건축하는 데 배수로 문제로 동네

분들과 실랑이를 한참 했다는 이야기를 했습니다. 동네분들이 도장을 찍어주지 않아서 애를 먹고 겨우 승낙받아 배수로를 만들었다고 합니다. 결국 배수로 사용동의를 받으면서 일부의 사용 비용을 내고 사용 승낙을 받을 수도 있겠다는 생각이 들어서 더 이상 여쭈어보지 않았습니다. 정 안 되면 좀 길지만 구거를 통한 자연 배수로를 만들어도 허가 내는 데는 이상이 없습니다.

입지와 가격이 마음에 들어 곧바로 계약했고, 이제 이 땅을 예쁘게 만들어 팔기 좋게 모양을 꾸며야 했습니다. 그래서 개발행위허가를 내서 허가를 받으려고 토목회사에 의뢰했는데 토목회사 실장님이 말씀하셨습니다.

"대표님, 이 땅은 지목이 임야인데 대략 반 정도를 농지로 사용하고 있어서 전용하게 되면 농지전용부담금을 내야 합니다."

"아니, 정말이세요? 현재 지목이 임야인데….."

"원래 모든 것이 실제 사용되는 현황으로 따지잖아요. 임야도 실제 농지로 사용하고 있으면 현황대로 농지로 전용하는 것이 일반입니다. 담당자가 위성으로 확인하고 실제 와서 확인도 합니다."

강의 때마다 저는 모든 것이 현황으로 평가된다고 입버릇처럼 이야기했는데도 정작 잊고 있었던 것입니다. 수용 지역에 건축물대장이 없는 무허가 주택도 인정이 되어 딱지가 나오고, 지적도에 도로가 없어도 현황으로 도로가 있으면 현황도로로 인정받는다고 그렇게 강조했는데 말입니다. 그렇다고 이대로 물러설 수는 없었습니다. 토목회사는 원칙대로 하겠다고 하는 것을 잠시 허가 내는 것을 중지시켰습니다. 그리고 어떻게 할 것인지 곰곰이 생각해보았습니다. 한참을 생각하던 중 묘안이 생겼습니다. 지금 현재 이 땅의 현안을 보면 지목이 임야인데, 이전 지주가 농사를 지었다고 농지로 전용하게 되면 전용비가 많이 나오니 원래대로 되돌리면 되겠다는 생각이 들어 농사짓고 있는 땅에 추수가 끝나면 바로 흙을 트랙터로 뒤엎고 어린 묘목 나무를 심어서 원상복구를 시키면 임야로 되지 않을까 하는 생각이 들었습니다. 다시 토목회사에 전화해서 물었습니다.

"실장님, 농사를 짓는 땅에 원상복구해서 나무를 심어놓으면 지목도 현재 임야이고 현황도 임야이기에 시청 담당 공무원이 직접 와서 확인하더라도 아무 문제 없지 않나요?"

"음, 특별히 문제가 되지는 않겠는데요. 역시 응용력에서는 저보다 한 수 위시네요."

곧바로 임야로 인정받기 위해 소나무 묘목을 구해와서 심고 임야처럼 만들어놓았습니다. 어차피 전용하게 되면 다시 갈아엎어야 하기에 가격이 비싸지 않은 묘목 200주를 심었습니다. 그리고 소매점으로 허가를 신청했고 예상한 대로 허가는 대체산림자원조성비를 내는 것으로 전용비가 나왔습니다.

2021년에 토지 시장에서 가장 거래가 활발했던 곳 중 하나가 화성 송산그린시티 지역입니다. 신문에도 소개될 정도로 뜨거운 지역이 되자 땅을 사려고 하는 분들이 넘쳐났습니다. 특히 송산그린시티 개발 순서는 동측지구가 먼저 개발되었고, 남측지구는 4차산업혁명지원지구 산업단지로 개발이 되고 있고, 향후 신도시는 서측지구로 개발계획이 잡혀 있습니다. 서측지구는 가격이 상대적으로 저렴하다는 소문이 있어 아직 개발 시작도 하지 않은 서측지구까지 수요가 영향을 받게 되었습니다. 특히 이 땅은 서측지구 신도시에서 직선으로 나오는 2차선 대로변에 붙어 있는 땅이고 허가까지 받아놓은 땅이기에 높게 받을 수도 있었지만 2021년 3월 평당 120만 원, 총금액 15억 6,240만 원에 팔 수 있었습니다. 결국, 9억 5,046만 원에 사서(평당 73만 원) 15억 6,240만 원(평당 120만 원)에 매도할 수 있었고 최종 수익은 세전 6억 1,194만 원이 되었습니다.

이 사례에서 보면 결국 입지와 가격이 이 땅을 매수할 수 있게 했고, 송산그린시티를 꿈꾸는 수요자들로 인해 어렵지 않게 매도할 수 있었습니다. 제가 매도한 지 1년밖에 지나지 않았는데도 2022년 3월 현재 이 주변 땅은 평당 200만 원 이상으로 올라버렸습니다. 이처럼 토지를 보는 눈은 부자가 되는 지름길임을 다시 강조드립니다.

항상 강조하는 부분이지만 토지를 고를 때는 입지를 꼭 확인해봐야 합니다. 미래를 통찰하는 눈으로 향후 이 토지에서 신도시가 만들어질 곳이 얼마나 떨어져 있는지, 신도시에서 나오는 차량들의 유동성이 얼마나 될지 가늠할 수 있는 잣대가 필요하고, 이렇게 메인도로에 붙어 있어야 절대로 물리지 않는 땅이 될 수 있다는 지극히 평범한 사실과 마주할 수 있어야 합니다. 토지를 보는 눈은 부자가 되는 첩경이고 토지를 보는 눈은 몇 번 임장 다녔다고 길러지는 것이 아닙니다. 많은 분들이 토지 투자가 어렵다고 하지만 토지의 개발 과정과 토지 가격이 상승되는 메커니즘을 이해하는 선상에서 출발해야 합니다. 원형지 토지에서 개발되는 토지까지 전체적인 흐름을 파악하고, 도시계획이 잡히고 개발계획이 잡혀 있는 지역의 특성을 파악 후 핵심적인 위치를 찾아내야 합니다. 오르기로 이미 결정되어 있는 땅을 발굴하는 여러 공법들을 배우고 익힌다면 이러한 경험들이 당신을 실력자로 만들 것이고, 토지 투자의 위대한 승부사로 인도할 것입니다.

개발을 통한 매도 사례 ③
원형지 토지 개발 후
분양 사례(화성시 송정리)

어느 날 화성에 있는 공인중개 사무소에서 전화가 왔습니다.

"대표님, 안녕하세요? 저는 화성에서 사업을 하고 있는 김중근이라고 합니다. 송산그린시티 남측지구 근처에 분양이 있어서 대표님께 상의를 드리려고 전화하게 되었습니다."

이런 전화가 수시로 오기 때문에 보통은 바로 거절합니다.

"죄송합니다. 저는 땅을 사서 개발하거나 파는 일은 하는데 분양은 일절 하지 않습니다."

"대표님이 잘 아시는 김하나 대표님께서 오픈마인드 대표님을 꼭 만나뵙고 말씀드리면 모든 문제가 해결될 수 있다고 하셔서 꼭 찾아뵙고 말씀드리고 싶습니다."

웬만하면 거절할 텐데 제가 잘 알고 있는 김하나 대표 소개라고 해서 일단 약속을 잡았습니다. 점심을 먹고 오후에 김중근 대표를 만날 수 있었는데 저를 소개한 김하나 대표를 만난 이야기부터 소개받는 과정과 저의 유튜브를 보고 송산그린시티 남측지구에 관심을 가지고 토지를 산 이야기를 들려주셨습니다. 그리고 지금 현재 남측지구에 땅을 사서 토목공사를 거의 마무리하고 있고 spc분양회사를 만들어 원룸단지를 분양으로 하려고 하는데 도무지 분양이 잘 안 되어서 "오픈마인드 대표님이 강조하신 남측지구 땅인데 왜 분양이 되지 않을까요?"하고 여쭈어보시는 것이었습니다. 저는 속으로 산업단지가 있는 남측지구라고 무조건 분양이 되는 것도 아닌데, 꼭 저 때문에 남측지구의 땅을 사서 분양한다고 말하는 것처럼 느껴져서 기분이 그렇게 좋지는 않았습니다. 그래서 김중근 대표님께 진솔하게 말씀드렸습니다.

"지금은 아직 산업단지가 만들어지는 단계이기에 실입주자나 사용자들이 오지 않는 이상 그렇게 투자자들이 덥석 땅을 사고 하지는 않을 것입니다. 특히 분양은 입지나 분양조건, 가격, 필지의 크기 같은 다양한 조건들이 만족이 되어야 분양이 되기에 잘 고려하셔야 할 것 같습니다."

그리고 혹시 공사 중인 땅이 어디인지 위치를 물어보았습니다.

화성시 마도면 송정리 ○○-○○번지 일원

사업장 주소를 보고 깜짝 놀랐습니다. 이 땅은 제가 매입 1순위로 정해놓고 절대 남에게 뺏기지 않으려고 공을 들인 땅이었고, 남측지구 산업단지가 만들어지면 평수도 작지 않아서 원룸단지로 만들려고 작정했던 곳이었는데, 다른 사람이 먼저 계약했다는 보고를 받고 포기했던 땅이었기 때문입니다. 두고두고 아쉬움이 남는 땅이었는데 이 땅의 주인이 바로 김중근 대표님이었던 것입니다.

경기도 화성시 마도면 송정리 소재지 위치

출처 : 카카오맵

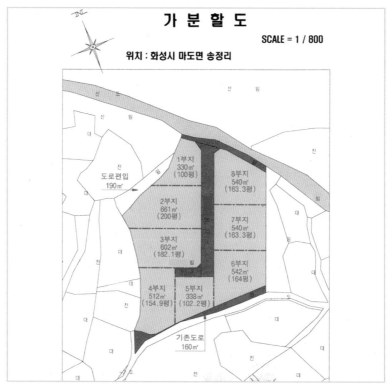

경기도 화성시 마도면 송정리 땅 가분할도

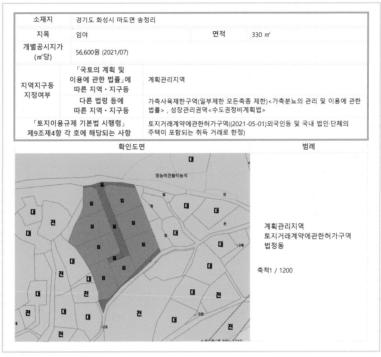

소재지	경기도 화성시 마도면 송정리			
지목	임야		면적	330 ㎡
개별공시지가 (㎡당)	56,600원 (2021/07)			
지역지구등 지정여부	「국토의 계획 및 이용에 관한 법률」에 따른 지역·지구등	계획관리지역		
	다른 법령 등에 따른 지역·지구등	가축사육제한구역(일부제한 모든축종 제한)<가축분뇨의 관리 및 이용에 관한 법률>, 성장관리권역<수도권정비계획법>		
「토지이용규제 기본법 시행령」 제9조제4항 각 호에 해당되는 사항		토지거래계약에관한허가구역((2021-05-01)외국인등 및 국내 법인·단체의 주택이 포함되는 취득 거래로 한정)		

확인도면   범례

계획관리지역
토지거래계약에관한허가구역
법정동

축척1 / 1200

경기도 화성시 마도면 송정리   출처 : 토지이음

   이 땅에 대한 비하인드 스토리를 충분히 이야기하고 본론으로 들어가서 이렇게 좋은 땅을 왜 분양을 못 하시는지 내용을 들어보니, 입지도 좋고 토목공사까지 모두 해주는 조건이라 큰 어려움이 없을 것 같았는데 딱 몇 가지 분양을 가로막는 문제가 있었습니다.

   그래서 저는 김중근 대표님께 이야기드렸습니다.

   "대표님, 제가 이 땅 전체 필지를 분양하는 데 정확하게 한 달이면 충분합니다. 그런데 몇 가지 조건이 있습니다. 그 조건을 수락해주시면 하고, 그렇지 않으면 제가 도와드릴 수 없습니다."

   그 조건은 다음과 같았습니다.

   첫째, 분양가를 낮추는 것이었습니다. 현재 평당 240만 원 하는 분양가를 평당 220만 원으로 낮추고, 차라리 제가 받을 수수료를 낮추어서라도 분양가를 더 내려주시길 부탁드렸습니다.

둘째, 현재 공인중개 사무소에 올려져 있는 매매와 모든 광고를 중단시켜주시고 저에게 독점으로 처리할 수 있도록 해주시길 부탁드렸습니다.

셋째, 필지 분양과 동시에 수분양자 이름으로 허가를 곧바로 전환해주시고, 대출 가능 금액을 50% 이상 될 수 있도록 금융권과 협의해서 확답을 받아달라고 부탁드렸습니다.

김중근 대표님은 한참을 고민하시더니 결국 다음 주에 법인 대 법인 계약서를 만들어오겠다고 하시며, 분양을 잘 부탁한다고 하셨습니다. 대표님께 다시 한번 중요한 사항에 대해 말씀드렸습니다.

지금 광고되고 있는 공인중개 사무소의 모든 물건을 거두어주시기를 재차 당부드렸습니다. 이렇게 해야 하는 이유는 분양할 때 좋은 조건이면 여러 곳에 물건을 퍼뜨려놓을 경우 빨리 분양할 수 있는 장점이 있겠지만, 반대로 조건이 좋지 않아서 미분양이 되면 아무리 여러 곳에 내놓아도 여기저기 다 나와 있는 쓰레기 같은 물건이 되어버리기 때문입니다. 이 땅 같은 경우에는 현재 공인중개 사무소에 한 달 동안 내놓았지만 단 1필지도 분양을 하지 못한 상태입니다. 그 이유는 아마도 높은 분양가 때문일 것이라는 생각이 들었습니다. 아직까지 공인중개 사무소에서도 남측지구에 대한 가치를 알아보지 못한 상태에서 평당 240만 원이라는 분양가는 분양하는 사람 입장에서도 다소 부담되고 자신 있게 권하기 힘든 가격이기에 분양이 어려웠던 것 같았습니다.

하지만 저는 184만 평 산업단지를 끼고 있는 이런 위치의 계획관리지역의 땅은 향후 산업단지가 만들어지면 지가는 불 보듯 뻔하게 올라간다는 사실을 경험으로 너무나 잘 알기에 누구에게든 자신 있게 권할 수 있고, 절대 손해 보지 않는다는 확신이 있어서 분양하는 데 문제없다고 생각했습니다. 그래서 기존에 내놓은 물건들을 모두 내려달라고 조건에 넣었던 것입니다.

그리고 분양하는 부분에 있어서도 수분양자들은 제 설명을 듣고 마음에 든다고 하지만, 꼭 현지 공인중개 사무소에 가서 확인을 또 하게 됩니다. 그때 저도 분양계약을 하고 그쪽에서도 분양한다고 하면 경쟁 체계가 되어 수분양자들이 가격을 깎아달라고 하는 경우도 생기기 때문에 하나의 창구로 가는 것이 훨씬 경쟁에서 수월합니다. 제가 분양하는 데 자신이 없었으면 절대로 독점으로 달라고 말하지 못했을 것입니다. 한 달 동안 한두 개 분양하면서 시간만 끈다면 분양하는 저도 부담되고 시행사도 손해 볼 수밖에 없기에 전체를 한 번에 분양하지 못할 것 같으면 자신 있게 이런 이야기를 하지 않습니다.

본격적으로 분양을 위해서 임장을 가보았습니다. 공단 사거리가 보이는 구릉지였습니다. 단계별로 이미 공사는 진행 중에 있었고 언덕이라 계단 형식으로 보강토 작업이 시작되고 있었습니다. '이렇게 좋은 땅을 왜 분양을 못하지?' 하는 생각이 들면서 더욱 자신감이 넘쳤습니다. 시행사로부터 IR자료를 받고 실제 허가 난 면적을 설계변경을 통해서 매매하기 쉽게 면적을 줄였습니다. 설계변경상 공사하는 데 무리하지 않는 범위 내에서 다수의 필지를 변경시켜 분양하기 용이하게 맞추었습니다. 소액으로 누구든지 건물주가 될 수 있다는 희망과 소망을 주면, 그리고 그 소망이 확신이 되기까지 몇 가지만 확인시켜주면 대부분 사인이 나옵니다. 이곳은 제가 그렇게 강조하는 산업단지 주변입니다. 산업단지 주변은 원룸단지로 꽉꽉 채워져야 합니다. 소규모 산업단지에도 주변에 주거시설이 필요한데 대규모 184만 평이 개발되는 산업단지 코앞에 원룸단지가 있다면 이곳은 기업들의 인파로 넘쳐나게 되기 때문입니다. 산업단지가 들어온다는 것은 기업들이 입주한다는 것이고, 이는 곧 일자리가 만들어진다는 이야기입니다. 그렇다면 인구증가는 당연하고, 산업단지 내에는 주거단지가 없기에 산업단지 밖으로 주거형 단지들이 만들어지는 것은 충분히 예상할 수 있는 이야기입니다. 직접 대형 산업단지 주변에 가서 확인해보시기 바랍니다. 그리고 산업단지 주변 주거형 오피스텔이나 다가구·다세대주택을 지을 수 있는 땅값이 평당 얼마인지 확인해보면 답은 아주 간단하게 나옵니다. 이런 것을 일상생활처럼 경험한 저는 단번에 이곳은 분양할 수 있다고 장담했던 것입니다. 모두가 안 된다고 이야기할 때, 말을 행동으로 증명해주는 리더가 진정한 리더라고 합니다. 결과로써 말을 증명하면 됩니다.

곧바로 분양작업에 들어갔습니다. 평소 좋은 땅을 소개해달라는 고객들이 있어서 리스트를 정리해서 연락을 드렸고 한 분, 한 분 자세히 설명해드렸습니다. 서울에서, 전라도 광주에서, 청주에서, 아산에서, 안산에서 오신 고객분들을 직접 모시고 현장을 탐방하고 산업단지가 만들어지는 곳을 임장하고 주변이 변해가는 모습들에 대해 자세히 설명해드리면서 자율적으로 결정할 수 있도록 기회를 드렸고, 결국 김중근 대표님께 약속드린 한 달 이내에 8필지 모두 분양 처리를 할 수 있었습니다.

정리해보면 주변 공인중개 사무소에서 단 한 개도 분양하지 못했던 것을 단 한 달 만에 모두 계약할 수 있었던 것은 제 확신 덕분인 것 같습니다. 다른 곳에서는 어떻게 설명을 하는지 들어보지 못했지만 저만큼 강한 확신을 가지고 설명했다면 아마도 모두 분양을 할 수 있었지 않을까요? 이미 이곳은 땅값이 상승할 수밖에 없는 입지를 가지고 있기에 두렵거나 망설일 이유가 없는 땅이었습니다. 주변을 둘러보아도 계획관리지역의 땅이 송정리밖에 없고 나머지는 농림지역에 생산관리지역, 보전관리지역으로 이루어져 있어 산업단지와 인접한 계획관리지역의 토지는 다양한 용도로 쓰일 수 있기에 저는 이 토지가 나왔을 때 잡으려고 했던 것입니다. 비록 이 땅은 김중근 대표님이 가져가셨지만 좋은 땅에 멋있게 개발했기에 분양 완판을 할 수 있었습니다.

개발행위허가서가 수분양자 이름으로 변경되고 은행 대출도 마무리되고, 등기도 법무사를 통해 모두 수분양자에게 처리된 후 마무리 지으면서 김중근 대표님과 인사를 하게 되었습니다.

"역시 소문대로군요. 오픈마인드 님을 소개해주신 김하나 대표님이 대표님을 찾아가면 무조건 해결이 될 거라고 한 말이 사실이었네요. 앞으로 계속 잘 부탁드립니다."

김중근 대표님은 의리가 있고, 화끈한 분입니다. 분양하다가 어려움이 있어 설계변경이나 수분양자 대출에 관한 사항, 잔금에 대한 소소한 어려움까지 저를 믿고 일일이 챙겨주고 깔끔하게 일 처리를 하시는 분이라 특별히 기억에 남는 분입니다. 저는 이런 시행사분들과 관계를 잘 유지하고 있습니다. 혹여나 큰 땅을 함께 매입하게 될 때 시공 쪽(공사)은 이런 분들에게 맡기고 분양이나 마케팅 쪽만 신경 쓸 수 있다면 원원할 수 있는 좋은 파트너이기 때문입니다. 이런 좋은 관계를 다양하게 만들어놓게 되면 분명히 또 다른 일로 만나게 될 때 매끄럽게 일이 진행될 수 있기에 만나는 한 사람, 한 사람이 소중합니다. 평소 사람을 소중하게 생각하는 습관은 성공 비법 중 하나입니다.

하루 만에
아파트 200채 분양한
이야기

2017년 평택은 미분양의 무덤이라고 할 만큼 아파트 물량이 넘쳐나서 집값이 오르지 않는 지역이었습니다. 평택 소사벌지구나 동삭동 센트럴자이도 분양가 이하로 마이너스 4,000만 원까지 내려가는 현상까지 보이고 있을 때 아파트를 몇 채씩 투자로 사놓은 사람들에게는 이 상황이 공포 그 자체였습니다. 그래서 그런지 고덕국제신도시 아파트 분양가도 그 당시 그렇게 높지 않았습니다. 당시 고덕국제신도시에 분양한 1단계 아파트 동양파라곤, 자연앤자이, 제일풍경채, 신안인스빌 같은 34평 기준 아파트가 3억 5,000만 원에서 4억 원 초반에 모두 분양되었습니다. 지금은 이런 아파트가 2021년 기준 2년 만에 9억 원까지 거래되고 있습니다.

저도 고덕국제신도시 1단계 아파트 자연앤자이 $84m^2$ 34평 아파트에 당첨되었는데 금액은 3억 5,000만 원밖에 되지 않았습니다. 당시 대출이 2억 9,700만 원까지 나와서 실제로 들어간 금액은 6,000만 원입니다. 다자녀 특별공급으로 들어갈 수 있었는데 한 달만 늦었으면 당첨이 어려웠을 것입니다. 다자녀 특별공급은 미성년자 자녀가 세 명이 있어야 가능합니다. 당시 세 자녀중 큰아이가 성인이 되기 직전 한 달을 남겨놓고 분양이 되었습니다. 하지만 입주 때까지도 평택의 적체된 분양물량이 풀리지 않아서 가격이 오르지 않았던 2019년에 입주를 했습니다. 신도시가 한창 개발 중이었기에 곳곳에서 먼지가 날렸고 기반시설과 상업시설이 전무한 상태에서 입주가 생각 이상으로 되지 않았습니다. 물론 집값도 전혀 오르지 않고 있었습니다. 입주 후 1년이 지난 2020년부터는 서울부터 시작해서 부동산 시장이 요동쳤고 부동산 특단의 대책들이 나왔지만, 무용지물이 되어버렸습니다. 집값은 식을 줄 모르고 고공행진을 했고, 평택까지 그 영향을 받아서 적체되어 있던 물량이 소진되면서 아파트값이 올라가기 시작했습니다. 처음에 말씀드렸던 동삭동 센트럴자이 아파트가 마이너스 4,000만 원까지 갔던 것이 불과 2년 만에 분양가에서 3억 원 이상 올랐습니다.

평택 삼성전자가 공사하는 반도체 공장은 2015년 기공식을 하고, 2017년 1기 공장 준공을 시작으로 2기 공장이 추가로 건설되면서 인구가 폭발적으로 증가했습니다. 공사장 인력만 3만 명이넘게 매일 출근하면서 주변 상권과 신도시 주거지의 공실을 모두채웠고, 삼성반도체 정직원이나 협력업체 가족들이 고덕국제신도시 주변 아파트로 입주해야 하는 상황에서 아파트값이 지속해서상승할 수 있었습니다.

경기도 평택시 고덕국제신도시 지적편집도

출처 : 카카오맵

    이런 와중에 고덕국제신도시에 미분양이 있었으니 그것은 바로 LH에서 분양하는 10년 공공임대 아파트였습니다. 그런데 10년 공공임대 아파트는 신동아 파밀리에라는 브랜드로 바뀌면서 임대를 모집해도 미분양되어 719세대 중 500세대 정도만 분양되었고, 나머지는 미분양되어 계속 임대자를 모집하고 있었습니다.

    10년 공공임대 아파트는 입주 자격이 까다롭습니다. 청약통장 1년 이상, 무주택자이어야 하고, 수입은 도시근로자 평균임금 150% 이하, 평택에 거주해야 하고, 당시에는 차량은 차량가 2,500

만 원 이하라는 다양한 조건들을 만들어놓았습니다. 그렇기에 입주하고 싶어도 일반인들은 입주하기가 어려워 미분양처리가 되고 있었습니다.

10년 공공임대 아파트는 10년 동안 임대로 살다가 10년 뒤에 입주자에게 우선권을 주어 분양하는 방식입니다. 그런데 판교 사태에서 보시다시피 10년이 지난 뒤에 분양하면 처음 조성원가 대비 시세가 너무 올라가기에 시세 대비 80%에 분양한다고 하지만, 그래도 일반 서민이 올라간 집값으로 분양받기는 어려워집니다. 현재 판교에서도 처음 조성원가가 3억 원 이하였던 것이 현재 7억원에 분양을 받으라고 하니 임대 주민들이 반발하고 있는 것입니다. 그래서 요즘은 10년 공공임대지만 조기 분양을 통해서 시세 차이가 많이 나지 않도록 5년 만에 조기 분양을 하고 있습니다.

평택 고덕국제신도시 신동아 파밀리에 $84m^2$ 34평 아파트도 719세대 임대분양을 했지만, 처음에는 50% 정도밖에 청약을 하지 않아서 미분양 상태였습니다. 그런데 놀라운 일이 벌어졌습니다. 이런 노른자 땅에 세워진 10년 공공임대 아파트가 미분양되어서 아무 조건 없이 선착순으로 누구나 들어올 수 있는 기회를 준 것입니다. 청약 조건도, 무주택 여부도, 수입 조건도, 평택에 살지 않아도, 아무것도 따지지 않고 임대해주겠다고 한 것입니다.

중심상업지에 붙어 있는 최고의 입지조건에 있는 공공임대 아파트를, 그것도 평수가 큰 34평 아파트를 소유할 수 있는 절호의 기회가 주어진 것입니다. 그런데 또 이상한 일이 생겼습니다. 이런 좋은 기회가 있는데도 미분양이 해결되지 않는 것이었습니다. 직접 LH를 찾아가서 문의해봐도 사람들이 많이 찾지 않는다는 말만 했습니다. '왜 그럴까?' 하는 의문 속에 두 가지 원인을 찾았습니다.

첫째, 정보의 부족으로 아직까지 사람들이 입주 규제 제한이 풀린 사실을 모른다는 것입니다.

둘째, 규제가 풀렸다 하더라도 이것이 주는 혜택과 향후 신도시 아파트값이 얼마나 올라가는지에 대한 추정치를 알지 못하는 무지가 기회를 잡지 못하고 있다는 것입니다.

신도시를 한 번도 경험해보지 못한 평택 사람들이 신도시 집값을 예상할 수 없는 것은 당연합니다. 현재 평택에 있는 2~3억 원 하는 아파트만 보다가 서울 근교 신도시 아파트가 20억 원씩 한다는 이야기를 해도 믿기 힘든 것은 한 번도 신도시를 경험하지 못했기 때문입니다.

저는 바로 친인척들에게 무조건 알렸습니다. 청주에 있는 부모님을 이사올 수 있게 해서 입주했고, 서울에 있는 조카를 내려오라고 해서 입주시켰고, 청주에 사는 누나에게 이야기해서 조카가 현재 와서 살고 있고, 교회 주변 지인들에게 얼른 알렸습니다. 이렇게 좋은 조건은 평생 한 번 올까 말까 하다고 이야기했고 다행히 많은 사람들이 입주할 수 있었습니다.

그래도 아직 너무 많이 미입주되어 있어서 이것을 정확하게 분석해서 유튜브로 올릴 계획을 세웠습니다. 먼저 공공임대가 조기 분양된 곳이 있는지에 대한 조사와 분양 시 시세 대비 얼마나 저렴하게 분양되는지에 대한 데이터가 필요했습니다. 그래서 신도시 중 비슷한 곳을 찾고 있었는데 광교에 60단지 임대아파트가 눈에 들어왔습니다. 광교에 가서 시세조사를 해보니 당시 주변 34평 아파트들의 시세가 12억 원 이상이었습니다. 60단지 아파트는 당시 6년 만에 조기 분양 예정이라고 입주민이 알려주었습니다. 감정평가도 6억 원대 중반으로 나왔다고 합니다. 그렇다면 10년 공공임대가 6년 만에 조기 분양하고 주변 아파트가 12억 원가량으로 시세가 형성되어 있는데 6억 원 중반가격에 조기 분양하면 시세차익도 엄청날 것입니다. 이런 실제 좋은 사례가 있어 유튜브로 10년 공공임대 아파트에 대해서 자세히 설명했습니다.

신도시 아파트에 보증금 1억 6,000만 원을 내면 임대료 18만 원에 살 수 있는 조건이었지만, 보증금이 없는 분은 보증금에 대한 전세대출을 하면 실제 보증금 1,760만 원만 있으면 임대료 18만 원, 전세보증금 대출이자 35만 원, 합계 53만 원만 내면 34평에서 살 수 있다는 조건이었기에 망설일 필요가 없는 상황이었습니다. 원룸도 월세 50만 원인데 34평 아파트가 임대료, 보증금 대출이자 포함해서 53만 원 정도 내면 살 수 있었습니다. 이런 내용을 유튜브를 통해 알렸고, 이 영상으로 단 하루 만에 200채 이상의 미입주되어 있는 아파트를 처리할 수 있었습니다.

현재 평택 고덕국제신도시에 있는 LH임대아파트는 신동아 파밀리에라는 브랜드로 전환했고, 5년 임대 후 분양으로 조기 전환된다는 소식이 들려오고 있습니다. 예상한 대로 주변 가격은 9억 원대까지 실거래가가 올라갔습니다. 아마도 2년 6개월 후면 분양으로 전환되어 입주하신 분들은 임대 아파트를 통해 주거의 목적도 달성하겠지만, 시세차익 또한 상당히 볼 것으로 예상됩니다.

이처럼 신도시의 10년 공공임대 아파트는 거의 조기 분양으로 전환되기에 입주가 안 되어 미달된 곳이 있다면 꼭 관심을 가져보시길 바랍니다. 기회는 이런 곳에서도 찾아옵니다.

전원주택 60필지 한 달 만에 분양한 이야기

　제가 토지를 배운 지 1년쯤 되어가고 있을 초보 시절입니다. 평소 잘 알고 지내는 인테리어 하시는 이종일 사장님이 안성에 기가 막힌 좋은 땅이 나왔는데 꼭 확인해보라고 말씀하시면서 몇 가지 서류를 건네주었습니다.

　바로 카카오맵으로 위치를 확인해보니 칠곡저수지가 내려다보이는 곳에 위치한 아주 좋은 땅이었습니다. 이곳은 평택에 있는 사람들이라면 누구나 한 번쯤 찾아가는 아름다운 저수지가 있는 명소입니다. 현재 이곳은 '정진원의 커피 볶는 집'이라는 대형 카페가 들어와 있고, 저수지 건너편에도 '멜멜'이라는 대형 카페와 레스토랑들이 들어와 있을 만큼 상권이 어느 정도 형성되어 있는 곳이기에 손님들이 자주 찾는 명소입니다.

경기도 안성시 전원주택 대상부지   출처 : 카카오맵

　이곳은 카페로도 유명하기에 토지가격도 상당히 상승되어 있
는 지역이라고 알고 있었습니다. 토지이용계획확인원을 살펴보
니 보전관리지역에 지목은 임야고, 대략 8,000평 정도 되는 면적
입니다. 보전관리지역은 전원주택 정도를 개발할 수 있는 건폐율
20%, 용적률 80% 지역입니다. 이 땅을 전원주택지로 만들기 위
해 계약금과 중도금을 납입했고, 한 달 안에 잔금을 완납한다고
했습니다. 이종일 사장님으로부터 전해 받은 구적도와 필지 분할
된 가분할도를 확인해보니 이곳에 전원주택지를 만들어 분양하
려는 계획이었습니다. 주변 시세는 평당 150만 원 정도로 분양하
고 있는데, 이곳은 평당 120만 원에 분양한다고 했습니다. 가격
경쟁력이 상당히 좋은 조건이라 입지만 나쁘지 않다면 충분히 분
양할 수 있다고 생각했습니다. 그리고 분양 시 분양대행 수수료도
꽤 큰 금액을 보장해준다는 조건이 있어서 관심을 자극했습니다.
　입지에 대한 현황을 파악하기 위해 일주일 정도 주변을 탐문하
고 주변 시세, 교통환경, 향후 주거환경 같은 전원주택지에서 직

접 생활을 하시는 분들의 입장에서 장단점을 체크해보았습니다. 저수지에서 3분 거리에 서안성IC가 있고 평택 시내까지 15분 정도 거리이며, 서울에서 별장처럼 살 수도 있는 저수지 근처 세컨 드하우스는 환경적으로나, 지리적으로나 교통의 편리성을 따져보니 충분히 경쟁력이 있는 곳이었습니다. 10일 정도 이곳에 대해 다양하게 파악한 후 이종일 사장님께 전화를 드렸습니다.

"사장님, 이거 제가 분양할 수 있을 것 같습니다."

"아, 그래요? 다른 공인중개 사무소에도 물건을 내놓았기에 먼저 파는 사람이 임자니까 서둘러 팔아보세요. 수수료도 섭섭하지 않게 챙겨드릴게요."

저는 단도직입적으로 말씀을 드렸습니다.

"사장님 이거 저에게 독점으로 주세요. 제가 2개월 안에 60필지 모두 분양 처리하도록 할게요. 2개월 안에 못 하면 수수료도 받지 않고, 그때 다른 사람이 분양해도 막지는 않을게요."

"(조금 의심스러운 목소리로) 이걸 2개월 안에 분양을 하실 수 있겠어요? 분양하는 팀들이 들어와서 광고해도 어려울 텐데…. 혼자 팔기가 어려울 수도 있으니 너무 욕심내지 마시고 할 수 있는 만큼만 해보세요."

"사장님, 믿어보세요. 보험 영업할 때도 한 달에 100건 이상도 했고, 제 주변에 지인이 많기에 잘 말씀드리면 60필지 모두 처리할 수 있을 것입니다. 이번에 저도 몇 년 치 연봉을 한 번에 받아보게요."

이렇게 자신 있게 말은 해놓았지만 은근히 걱정도 되었습니다. 분양은 한 번도 해보지 않았을 뿐더러 아직 토지를 보는 눈이 높지 않았고, 특히 토목이 되어 있지 않은 원형지 임야의 가분할도

종이 한 장 가지고 어떻게 설득시킬지 걱정되었지만 임장을 통해 주변 시세나 환경들을 파악해본 결과, 충분히 경쟁력이 있다고 판단했습니다. 바로 옆 전원주택을 평당 150만 원에 분양하고 있는 것을 확인했기에 조금은 안심이 되었습니다. 또한 그곳에 가서 분양하시는 분들의 이야기를 듣거나 그 주변의 여러 가지 정보와 호재들을 파악했고, 현재 분양하는 곳도 거의 분양이 끝나가고 있다는 이야기를 들었기에 향후 이곳에 새롭게 전원주택을 분양한다면 충분한 가격 경쟁력이 있어서 분양이 될 수 있다고 스스로를 믿었습니다. 전체 필지에 대해 분양시킨다는 계약서를 작성하고 본격적으로 분양을 했습니다.

저의 전략은 아주 단순했습니다. 알고 있는 지인들 중 투자할 수 있는 사람 100명을 리스트에 올려놓고 그중에서 또 추려서 정확하게 50명으로 압축시켰습니다. 그리고 50명의 지인들에게 알리고 그 지인분들을 만족시켜서 또 다른 사람을 소개받아 분양하면 충분히 할 수 있을 것이라는 전략을 세웠습니다. 계획대로 지인분들 한 분, 한 분께 보험회사에서 배웠던 화법을 적용해서 최대한 예의 바르고 간결하며 이해하기 쉽게 설명해드렸습니다. 칠곡저수지가 바라보이고 산으로 연결되어 있는 환경이 뛰어난 곳이었고, 지리적으로 교통 여건도 훌륭했기에 모든 사람들이 호감을 가지고 긍정적인 시각으로 받아주셨습니다. 주변 지인들도 칠곡저수지라는 곳은 워낙 유명해서 모두들 알고 있었기에 설득은 문제가 되지 않았습니다.

그런데 제가 한 가지 간과한 것이 있었습니다. 보통 일반분양은 토목공사를 끝마치고 필지를 정리해서 네모반듯하게 만들어놓고 분양을 합니다. 이렇게 하면 크게 문제될 것은 없습니다. 그냥 계약 후 잔금 처리 후 등기하면 끝입니다. 그런데 제가 진행하고 있던 곳은 아무런 공사도 하지 않은 임야 상태의 원형지 땅입니다. 지금은 이렇게 임야 상태이지만 곧 공사가 시작되면 나무는 모두 베어버리고 토목공사 후 필지별로 예쁜 모양으로 만들어서 분양을 한다고 홍보했습니다. 지금 생각해보면 굉장히 무모한 판단이었습니다. 한두 개도 아니고 60필지나 되는 곳인데 만약에 문제가 생긴다면 무지가 불러온 대형 참사입니다. 그리고 개발행위허가를 받으려면 8,000평을 동시에 할 수도 없고 1,500평 단위로 허가를 받고 준공을 내고 다시 허가를 받고 하는 과정을 모두 거치면 공사만 2년 이상 걸릴 수도 있는데, 이런 내용을 알지 못한 상태에서 단순하게 지주가 가분할도 대로 공사를 해준다는 믿음으로 시작했습니다.

땅만 계약해놓고 아무것도 없는 임야에 이런 개발을 할 테니 계약금을 넣고 중도금을 넣으라는 말인데, 혹시 공사 중 인허가에 대한 문제가 발생할 수도 있고, 특히나 그곳은 보전관리 임야에 입목도나 울폐도가 상당히 높은 임야지역이라 허가사항에 대한 위험이 있었습니다. 그런데 토목에 대해서 아무것도 알지 못하는 부동산 초보가 이런 일을 시작했다는 것이 용기가 가상했지만 무모했다는 지적은 피할 수 없는 부분입니다. 가령 지주의 통장으로 계약금과 중도금을 입금시켰을 때 지주가 나쁜 마음을 가지고 도망을 가버리면 계약자들은 아무런 담보를 걸지 않았기에 고스란히 떼일 수도 있는 상황입니다. 이런 사고를 방지하고자 보통 신탁을 하기도 합니다. 하지만 이번 계약은 계약자들의 안전장치가 없이 온전히 저의 신용만 보고 계약자들은 계약한 것입니다. 저 또한 분양을 처음 하는 것이었고 등기를 하기까지 어떤 안전장치와 담보에 대한 권리를 확보할 수 있는지 알지 못했기에 막무가내로 분양을 진행했던 것 같습니다.

다행히 바로 옆에 분양하는 전원주택지가 있었고, 그곳보다 평당 30만 원이나 저렴했으며, 배산임수를 끼고 있는 저수지가 바라보이는 위치였기에 관심도는 대단했습니다. 사람들이 오지 않는 산속 깊은 곳이었다면 의심과 오해도 할 수 있지만, 저수지가 보이는 위치였고, 주변에 이미 분양을 하는 곳이 있어서 믿을 수 있었으며, 제가 엄청난 에너지로 확신을 심어주었기에 가능했던 것 같습니다.

아침부터 시작해서 저녁 늦게까지 만나는 모든 사람들에게 계속 전원주택 분양에 대한 이야기만 했습니다. 목표는 오로지 60필지 전원주택 완전 분양이었기에 미친 듯이 분양에 대한 이야기만 했던 것 같습니다. 한 달 조금 지나자 가분할도의 60필지 모두를 분양받을 분들의 이름으로 채울 수 있었습니다. 말이나 글로 어떻게 표현할 수 없을 만큼 혼신의 힘을 다해 집중해서 하다 보니 60필지 전체를 분양을 할 수 있었습니다.

지금 다시 생각해보면 그때처럼은 절대 못할 것 같습니다. 그런 미친 듯한 에너지가 어떻게 나왔는지 불가사의할 만큼 집중했고, 또 간절했던 마음이 수분양자들에게 전달되어 한 달 만에 60채 분양이라는 결과로 나타난 것 같습니다.

잔금이 아직 치러지지 않은 상태에서 선분양을 시작했기에 왠지 모를 불안감에 계약금이 지주에게 곧바로 가지 않도록 일단은 제가 가계약금 500만 원씩만 받아두었습니다. 그런데 지주가 시일이 지나도 계약한 땅의 잔금을 치르지 못하는 것이었습니다. 계약하고 중도금까지 지급했기에 당연히 잔금이 바로 진행되고 일자에 맞추어 등기가 진행될 줄 알았습니다. 그러나 잔금 일자가 지났는데도 8,000평 임야가 등기가 되지 않는 것이었습니다. 분명히 지주는 잔금을 치를 수 있다고 했고, 향후 등기 후 계약자들의 명의로 계약이 진행되면 분양받을 땅에 대해서 근저당을 걸어주어 최소한의 안전장치를 해두기로 했는데 잔금이 치러지지 않아서 더욱 불안했습니다. 지주에게 몇 번을 이야기해도 계속 미루기만 했습니다. 이렇게 한 달이 지나자 더 이상 미련을 가지면 큰사고가 날 것 같다는 생각이 들었습니다.

한 달 동안 60필지를 분양하기 위해 뛰어다녔던 시간과 비용이 아깝지만 현명한 결정을 해야 할 것 같았습니다. 분양으로 얻는 엄청난 수수료를 생각하면 포기하기 어려운 유혹도 느꼈습니다. 그러나 돈이 중요한 것이 아니라 수분양자들과의 소중한 인연과 그분들의 계약금이 더 소중했기에 그동안 받아두었던 가계약금을 미련 없이 500만 원씩 60명 모두에게 상황을 설명하고 반납해 드렸습니다. 자칫 가계약금을 지주 계좌로 곧바로 넣었으면 큰일이 났을 것 같다는 생각에 아찔해집니다. 이런 일은 실제로 토지시장에서 흔히 일어납니다.

이 일은 초보 시절, 정말 아무것도 모를 때라 할까 말까 하는 망설임이 있었다면 한 필지도 분양을 못했겠지만, 자신의 모든 것을 걸고 집중하면 혼자서 60필지도 분양할 수 있다는 자신감을 가질 수 있게 된 계기가 되었습니다. 그러나 자세히 알지 못하는 토지초보가 너무 큰일을 혼자서 저질렀고, 이것은 대형사고로 이어질 수도 있었다는 교훈을 주었습니다. 좀 더 신중했어야 했고 모르면 잘 아는 사람에게 조언을 구해야 했습니다. '돌다리도 두들겨 보고 건너라'고 반드시 전문가에게 의뢰하고 욕심을 내려놓고 진행해야 한다는 깨달음을 얻었습니다.

부동산 업계에는 좋은 사람도 많지만 사기 치는 사람도 꽤 많은 것 같습니다. 하나님의 도우심으로 계약자들의 계약금을 지킬 수 있었다는 생각이 듭니다. 만약 그 돈을 지주의 계좌로 넣었다면 저는 어떻게 되었을까요? 60명의 계약금을 제가 도의적으로 책임 져주어야 하는 사태가 생겼을 것이고, 그랬다면 부동산을 그만두었을지도 모릅니다.

몇 개월이 지난 뒤 결국 지주는 잔금을 치르지 못해 그 땅을 다른 사람에게 넘겼다는 소식을 접하면서 다시 한번 가슴을 쓸어내렸습니다. 다른 일도 마찬가지지만, 특히 부동산 투자를 할 때는 조심, 또 조심해야 합니다. 저 같은 경험을 여러분은 하지 않길 진심으로 바랍니다.

PART

7

성공한
토지 매매 이야기

매매 사례 ①
큰 땅을 작게 만들어
가치 올리기(화성시 송교리)

소재지	경기도 화성시 서신면 송교리 계획관리(933평)
매입 가격	10억 2,630만 원/평당 약 110만 원
매도 가격	16억 4,900만 원/평당 약 177만 원
대출	5억 원
실투자금	5억 2,630만 원
매도 기간	4개월
수익률	118%
결과	약 4개월 만에 실투자금 5억 2,630만 원으로 세전수익 6억 2,270만 원

　저는 보통 소문이 나기 전에 일찍 땅을 매입합니다. 그래야 시세보다 싸게 매입이 가능합니다. 제일 중요하게 생각하는 것 두 가지는 입지와 매입 단가입니다. 아무리 좋아도 이 두 가지가 맞지 않으면 절대 매수하지 않습니다. 이런 원칙만 제대로 지켜도 절대

경기도 화성시 서신면 송교리 소재지 위치 출처 : 카카오맵

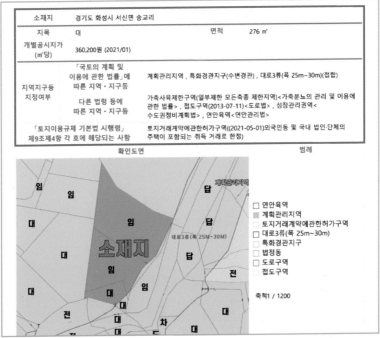

소재지	경기도 화성시 서신면 송교리		
지목	대	면적	276 ㎡
개별공시지가 (㎡당)	360,200원 (2021/01)		
지역지구등 지정여부	「국토의 계획 및 이용에 관한 법률」에 따른 지역·지구등	계획관리지역 , 특화경관지구(수변경관) , 대로3류(폭 25m~30m)(접합)	
	다른 법령 등에 따른 지역·지구등	가축사육제한구역(일부제한 모든축종 제한지역)<가축분뇨의 관리 및 이용에 관한 법률> , 접도구역(2013-07-11)<도로법> , 성장관리권역<수도권정비계획법> , 연안육역<연안관리법>	
	「토지이용규제 기본법 시행령」 제9조제4항 각 호에 해당되는 사항	토지거래계약에관한허가구역((2021-05-01)외국인등 및 국내 법인·단체의 주택이 포함되는 취득 거래로 한정)	

확인도면 범례

□ 연안육역
■ 계획관리지역
□ 토지거래계약에관한허가구역
□ 대로3류(폭 25m~30m)
□ 특화경관지구
□ 법정동
□ 도로구역
□ 접도구역

축척1 / 1200

경기도 화성시 서신면 송교리(933평) 출처 : 토지이음

잘못된 선택을 하지는 않습니다.

　위 토지의 경우도 마찬가지입니다. 먼저 입지를 분석해보면 4차선 대로변입니다. 4차선 대로변에 특히 제부도가 아주 가까이 있는 시내권 관광지입니다. 특별히 이곳은 매입 당시 제1순위로 고

려했던 것이 제부도 해상 케이블카입니다. 앞서 여러 번 이야기했듯이, 이 해상 케이블카가 완공이 되면 관광객으로 넘쳐날 곳이고, 다양한 관광테마가 겹쳐서 이 주변은 교통의 마비까지 올 수 있는 장소가 될 것이라고 확신했습니다. 결국은 시간 문제입니다. 그러나 투자는 선제적으로 해야 합니다. 나중에 케이블카가 완공되어 사람들이 몰려오고, 각종 상업시설들이 들어올 때 땅을 매입하려고 하면 늦습니다. 그때는 가격이 폭등한 상태이기에 실수요자들이 사야 하는 땅값이 되어버립니다. 그래서 투자는 개발되기 전에 사야 하는데, 그것도 투자 타이밍과 수요와 공급의 법칙에 따라 잘 판단해야 합니다.

제가 이 땅을 조사할 때는 이미 땅값의 움직임이 시작될 때였습니다. 4차선 대로변은 이미 평당 150만 원이 넘어가고 있던 시기였습니다. 이 땅도 처음에는 평당 90만 원에 나왔습니다. 바로 계약하겠다고 하니 평당 100만 원으로 올랐습니다. 자존심을 접고 평당 100만 원에도 하겠다고 했는데 계약을 차일피일 미루는 것이었습니다. 2020년 9월부터 줄다리기했던 것이 2020년 11월까지 이어졌습니다. 더 이상 여기에 신경 쓰고 싶지 않아서 평당 110만 원까지 양보할 테니 그 이상은 포기하는 것으로 생각하라고 마지막 히든카드를 꺼냈습니다. 보통 이렇게 평단가를 올리면 그 지역에 살고 있는 현지 투자자는 계약을 하지 않습니다. 심지어 외지인도 순식간에 2억 원 가까이 올렸기 때문에 금방 포기하고 다른 땅을 삽니다. 그러나 제가 이 땅을 금방 포기하지 않았던 것은 그 땅 주변에 대해서 철저히 권리분석을 했고, 향후 아주 짧은 시간에 급속하게 시세가 상승할 수 있다는 확신이 있었기 때문입니다. 이런 준비가 되어 있지 않으면 절대로 2억 원 이상 오른 땅을 매입하려고 하는 사람은 없을 것입니다. 결국 제 마지막 히든카드가 효과를 발휘해 매도자는 평당 110만 원에 계약하기로 했고, 등기할 수 있었습니다.

등기 후 이 땅을 계획대로 분할해서 팔아야 했습니다. 933평을 10억 원이 넘는 가격에 매수했기에 933평 전체를 한꺼번에 팔기가 무거워져서 개발행위허가를 통한 매매에 의한 분할을 하기로 결정하고 533평과 400평, 두 개로 나누기로 했습니다. 933평이었던 것을 두 개로 나누니 훨씬 매매하기가 가벼워졌습니다. 평당 180만 원에 매매 계획을 세우고 시장에 내놓았는데 한 달도 안 되어 찾는 사람들이 있어 금방 매매할 수 있었습니다.

앞서 표에서 정리해두었듯이, 대출 5억 원, 실투자금 5억 2,630만 원으로 2020년 11월에 10억 2,630만 원(평당 110만 원)에 매입한 이 땅은 불과 4개월 만에 16억 4,900만 원(평당 177만 원)에 매도하며 세전수익률 118%인 6억 2,270만 원의 수익을 만들 수 있었습니다. 정확한 입지분석은 이처럼 확실한 수익으로 보답합니다.

이 땅은 제가 팔고 난 후 이 땅을 사신 분이 또 다른 분에게 평당 240만 원에 팔았다고 합니다. 이처럼 관광지 주변 4차선에 붙어 있는 입지가 좋은 땅은 시간이 지날수록 계속 오르는 패턴을 보입니다. 이런 곳은 손해 볼 일이 없습니다. 매입한 땅이 팔리지 않으면 개발해서 임대로 내놓을 수도 있고, 지주가 직접 장사를 해도 장사가 잘될 수 있는 위치이기에 부담이 안 되는 땅입니다.

처음 매입 때부터 철저히 입지분석을 하며 계산했기에 걱정이나 두려움 없이 자신 있게 매수할 수 있었고, 예상대로 단기간에 매매가 되었던 권리분석의 정석이라고 할 수 있는 사례입니다.

매매 사례 ②
문제가 있는 땅을 해결해 가치 올리기(화성시 고정리)

소재지	경기도 화성시 송산면 고정리(임야 491평)
매입 가격(2020년 8월 14일)	3억 1,915만 원/평당 65만 원
매도 가격(2020년 11월 13일) (계약서 작성 9월 24일)	6억 2,848만 원/평당 128만 원
수익차액	3억 933만 원

토요일 오후 한가하게 인터넷 서핑을 하다가 네이버 부동산에 들어가 물건이 어느 정도 나와 있고, 가격은 어느 정도 되는지 확인하기 위해 송산그린시티 주변을 검색하던 중 눈에 띄는 가격 하나가 올라와 있는 것이 보였습니다. 송산그린시티가 개발되는 남측지구 4차산업혁명지원지구 산업단지 내 자동차 테마파크에서 직선거리 370m 떨어진 곳의 낮은 임야였습니다. 자동차 테마파크 부지로 잡혀 있는 곳 부근이기에 충분히 시간만 지나면 경쟁력

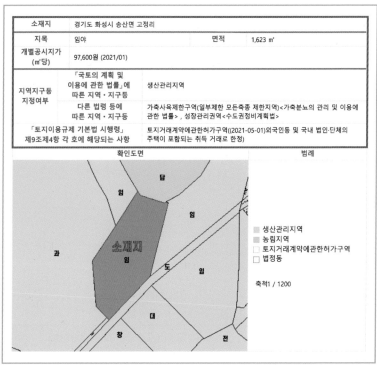

소재지	경기도 화성시 송산면 고정리		
지목	임야	면적	1,623 m²
개별공시지가 (m²당)	97,600원 (2021/01)		
지역지구등 지정여부	「국토의 계획 및 이용에 관한 법률」에 따른 지역 · 지구등	생산관리지역	
	다른 법령 등에 따른 지역 · 지구등	가축사육제한구역(일부제한 모든축종 제한지역)<가축분뇨의 관리 및 이용에 관한 법률> , 성장관리권역 <수도권정비계획법>	
「토지이용규제 기본법 시행령」 제9조제4항 각 호에 해당되는 사항		토지거래계약에관한허가구역((2021-05-01)외국인등 및 국내 법인·단체의 주택이 포함되는 취득 거래로 한정)	

확인도면   범례

- 생산관리지역
- 농림지역
- 토지거래계약에관한허가구역
- □ 법정동

축척1 / 1200

경기도 화성시 송산면 고정리(491평)　　　　　　　　　　출처 : 토지이음

경기도 화성시 송산면 고정리 소재지 위치　　　　　　　　　　출처 : 카카오맵

이 있을 것이란 생각에 카카오맵으로 위성지도를 확인해보고 주변 개발 정보를 파악했습니다. 향후 고속도로 고정IC가 개통하게 되면 지가 상승은 당연하고, 현재 가격 대비 상당히 경쟁력이 있는 단가임을 확신했습니다. 그리고 주변의 실거래된 내역을 살펴보니 이제 슬슬 올라가기 시작하는 단계였습니다. 차를 타고 가면서 토목사무실에 연락해서 건축 가능 여부를 확인해달라고 하고 곧장 송산면 고정리로 향했습니다. 얼마 후 토목사무실에서 연락이 와 직원이 말했습니다.

"대표님, 이건 물건은 나쁘지 않은데 한 가지 고민스러운 점이 있습니다."

"그 이유가 뭐지요?"

"그 땅 앞쪽에 전원주택이 지어져 있어서 건축하는 데는 큰 문제가 없을 것 같은데, 전원주택에 계신 분에게 배수로 사용 승낙을 받아야 가능할 것 같습니다."

약간은 고민이 되었지만 현장에 가서 판단해보자 싶었습니다. 현장에 도착해보니 지목만 임야지, 평평한 구릉지였습니다. 나무도 예쁘게 잘 심어져 있었습니다. 오히려 묘지가 두 개가 있어 이것을 해결해야 할 것 같았습니다. 묘지가 처리가 안 되어 있으면 나중에 개발하거나 다른 사람에게 매도 시 걸림돌이 될 수 있기에 사람들은 묘지가 있는 땅은 잘 안 사려고 합니다. 하지만 무연고 묘일 경우 신문에 공고를 내야 하고 이장도 해야 하는 번거로움이 있지만, 지주와 관계된 묘지일 경우에는 특약사항에 묘지 이장 조건이라는 것을 넣으면 아무런 문제가 되지 않습니다.

무연고 묘지의 처리를 해야 하는 경우, 모든 업무 진행은 장사 등에 관한 법률에 의거해 무연고 묘지의 처리 절차를 기준으로 진행되며 개장허가의 사항으로 첫째, 90일 기간 신문공고 2회, 둘째, 주인을 알 수 없는 사유서 등의 준비로 허가대행을 진행합니다.

신문공고 비용(2회)과 허가대행 용역비용, 개장허가 후 개장 및 10년 안치비용이 산정되며, 분묘의 기수에 따라 결정됩니다. 현장 답사 후 신문이나 인터넷 공고가 진행되고, 공고 기간 동안 연고자를 찾기 위한 활동이 진행되며, 약 100일 뒤에는 개장허가 후 파묘되거나 안치가 진행될 예정입니다.

지적도와 위성을 통해 위치를 확인해 경계선에 특이한 사항이 있는지 꼼꼼히 체크하는 것도 잊지 말아야 합니다. 임장을 다닐 때는 운동복 바지와 장화가 필수입니다. 그래서 제 차 트렁크에는 언제든 산속에 들어갈 준비로 장화와 양말, 운동복 바지가 항상 비치되어 있습니다. 양복 입고 구두 신고 임야를 임장하다가 옷도 망가지고 구두도 엉망이 되는 경험을 초창기 때 해본 후부터는 철저히 준비합니다.

임장을 대략 마치고 맞은편 전원주택에 살고 계시는 분께 몇 가지 여쭈어보려고 들렀습니다. 대문이 열려 있어서 안쪽을 들여다보니 정원을 아주 잘 가꾸어놓은 아름다운 전원주택이었습니다.

"안녕하세요? 지나가다가 잠깐 들렀습니다."

말을 돌리지 않고 이번에는 정공법으로 나갔습니다.

"바로 맞은편 땅이 나와서 잠깐 둘러보았습니다. 선생님 혹시 이 땅에 대해서 잘 아시는지요?"

"글쎄요. 땅 주인이 누군지는 잘 모르는데 얼마 전에도 이 땅이 궁금하다고 몇 사람이 다녀갔는데 어떻게 되었는지 잘 모르겠어요. 아직까지 계약이 안 되었나 보네요."

아주머니가 대수롭지 않게 이야기를 하는 것으로 보아 이 땅이 누구에게 팔리더라도 크게 상관하지 않겠다는 것으로 받아들여도 될 것 같았습니다. 보통 시골에서는 누가 땅을 팔았다거나 누가 땅을 사서 이곳으로 온다고 하면 금방 소문이 납니다. 그래서 이사 온 분이나 땅을 매입한 사람들에게 텃세를 부리기도 합니다.

저는 땅을 살 때 꼭 주변 상황에 대해서 적극적으로 파악을 합니다. 경우에 따라서 때로는 시골 사람처럼 행동하기도 하고 때로는 구경 온 사람처럼 행동하기도 하고 때로는 당당하게 땅을 사러 온 사람처럼 행동하기도 합니다.

"혹시 선생님 집은 배수로가 어디로 빠지나요?"

"어머, 저번에 오신 분들도 배수로 이야기를 하고 가셨는데 이게 그렇게 중요한가 봐요?"

"네. 배수로가 있어야 건축이 가능하기에 지금 당장 건축행위를 하려면 배수로를 찾아야 하거든요."

"우리 아저씨가 돈을 들여서 배수로를 확보해서 자연 배수로 나가고 있어요. 저기 보이는 아래쪽으로 그냥 배출하고 있어요."

대충 어림잡아보니 정식 배수로는 아니고 자연 배수시설이기에 큰 문제가 없을 것 같았습니다. 시골은 대부분 자연 배수가 많기 때문에 구거를 통한 배수로를 확보하는 데 문제가 되지는 않습니다. 그리고 이웃집에 사례비를 준 후 배수로 사용동의서를 받고 공사를 해도 됩니다. 간혹 동의를 안 해주는 사람이 있어서 곤란을 겪는 경우도 있기에 이웃집과 친하게 지내야 합니다.

배수로도 확인되었고 입지는 자동차 테마파크에서 직선 370m 떨어져 있는 최상의 조건이기에 향후 개발 시 몇 배의 프리미엄으로 돌아올 것이라는 확신이 섰습니다. 이제 계약만 하면 됩니다. 사실 이렇게 마음에 드는 땅은 쉽게 계약이 잘 안 됩니다. 여러 가지 복잡한 사연이 얽혀 있는 경우가 많습니다. 계약 성사 직전에도 깨지는 경우가 많습니다. 심호흡을 크게 하고 물건을 내놓은 분께 전화를 드렸습니다.

"안녕하세요? 인터넷으로 내놓은 땅 문의를 드리려고요. 물건 내놓으신 것 맞지요?"

"아, 네. 맞습니다."

"제가 직접 오늘 그곳에 갔다 왔는데 땅은 마음에 드는데… (뜸을 들이고) 두 가지만 해결이 되면 바로 계약을 하고 싶습니다."

"(대략 짐작한 말투로) 아, 묘지 처리 때문에 그러시지요?"

"네. 그리고 배수로는 어떻게 뺄 수 있나요?"

"묘지는 이번 추석에 차례를 지내고 이장 처리해주기로 했고요. 배수로는 지금 당장 해결될 것은 아니고, 나중에 구거나 앞쪽 전원주택에 사시는 분의 동의를 얻어 빼야 할 것 같아요."

역시 예상했던 답변이었습니다. 어차피 당장 건축할 땅도 아니고 투자로 사는 땅이기에 그렇게 문제가 되지 않는다는 것을 예상하고 한 질문이지만, 그래도 토지에 대한 지식을 가지고 있다는 것을 상대방에게 알려주게 되면 매수자를 쉽게 보지 않는 경향도 있기에 물어본 것입니다.

"선생님, 그럼 계약을 언제로 할까요?"

"다음 주 목요일이 어떨까요?"

"네, 좋습니다. 목요일에 뵙겠습니다."

"선생님, 가계약금 1,000만 원을 먼저 넣어도 될까요?"

"네, 그러시지요."

가계약금을 먼저 넣는 이유는 간혹 계약날짜를 잡아놓았는데 다른 사람이 먼저 웃돈을 주고 물건을 뺏는 경우도 발생되기 때문입니다. 정말 좋은 땅이 나왔을 때는 계약기간을 미루지 말고 곧장 계약서를 작성하든지, 또는 매도자의 사정으로 시간이 걸리는 계약이라면 가계약금을 넣어주면 계약 전까지 안심하고 기다릴 수 있습니다. 간혹 땅이 너무 좋으면 배액배상까지 처리하고 들어오는 사람도 있기에 가계약금을 넉넉히 넣는 것도 필요합니다.

계약 후 이 땅을 어떻게 처리할까 고민이 되었습니다. 6개월 뒤에 2배로 팔지, 3년 뒤에 3배 이상으로 매도할지 고민하다가 그냥 단기매매도 나쁘지 않다는 생각에 평당 65만 원에 사서 평당 128만 원에 매도하기로 결심했습니다. 그렇게 2020년 8월 14일 등기 후 9월 24일에 다시 매도 계약서를 작성할 수 있었습니다.

이처럼 조금만 관심을 가지고 개발지 주변을 찾다 보면 분명 줍는 땅이 발견되기도 합니다. 다만, 좋은 땅이 나와도 이곳이 좋은 땅인지, 나쁜 땅인지 구별하지 못하기에 좋은 기회가 와도 놓쳐버리는 경우가 대부분입니다.

아프리카에서 반짝이는 돌을 가지고 공기놀이를 하는 어린아이들을 본 현지 선교사는 그 반짝이는 돌이 다이아몬드라는 것을 알아채고, 어린아이들에게 반짝이는 돌과 빵을 맞바꾸자고 했습니다. 이때 아이들은 어떤 결정을 했을까요? 당연히 아이들은 반짝이는 돌의 가치를 전혀 알지 못한 채 단지 배고픔과 바꿀 수 있는 돌이라고만 생각했을 것입니다. 그러나 다이아몬드에 대한 가치를 알고 있는 사람들은 절대로 빵과 맞바꾸지 않을 것입니다.

이와 마찬가지입니다. 지금 다이아몬드 같은 토지가 나와 있는데도 분별능력이 없어서 기회를 놓친다면 얼마나 억울할까요?

일반인이 3억 원을 벌려면 얼마나 오랫동안 노력해야 할까요?

월급 받아서 생활하고 이것저것 쓰다 보면 평생 적금을 들어도 어려울 수 있습니다. 그러나 토지를 잘 알고 있는 저는 1개월 10일 만에 3억 원 이상의 차액을 남겼습니다.

1개월 10일 만에 평당 128만 원에 매도한 땅은 지금 어떻게 되었을까요? 제가 팔고 난 후에도 그 땅은 입지가 좋아 현재 시세가 평당 200만 원이 넘게 형성되어 있습니다. 향후 그 주변에 공사가 진행되고 건물이 들어서면 더 높은 금액이 형성되겠지요.

사람들이 가끔 묻습니다.

"이렇게 짧은 기간에 파는 것보다 조금 더 가져가면 높은 금액에 팔 수 있을 텐데 너무 일찍 팔아서 아깝지 않으세요?"

제가 이렇게 수익을 올리는 이유는 시세보다 낮게 사서 시세대로 팔면 그만큼 수익이고, 기다리는 기간보다 빠른 매도를 통해서 현금이 확보되기 때문입니다. 그것을 또 다른 곳에 투자해 회전을 시키면 수익률이 더 높게 나오기에 땅에 묻어두는 것을 선호하지는 않습니다.

단, 농지 같은 경우는 예외입니다. 농지는 농업법인으로 사서 농사를 3년 동안 지어야 사업용 토지로 전환이 되기 때문입니다. 농지는 단기에 처리할 수는 없습니다. 3년쯤은 충분히 기다릴 수 있는 기간이라고 생각하고, 직원들과 함께 열심히 농사를 짓고 있습니다.

땅을 계속해서 사기만 하면 언젠가 돈이 바닥나겠지요. 그렇게 되면 좋은 땅이 나와도 돈이 없어져 살 수 없습니다. 그래서 단기에 회전을 시키는 것입니다. 그런데 개인이 토지를 사서 1년 안에 매도하면 66%가 양도세로 나갑니다. 양도세 50%, 비사업용 토지

10%, 여기에 두 세금의 지방세 10%까지 더해 합계 66%의 양도세를 내야 하기에 단기로 매매하면 수익률을 내기가 어렵습니다. 하지만 법인으로 토지를 매입하면 법인은 양도세가 없고 법인세로 통합됩니다.

좋은 땅을 소개받으려면 현지인을 잘 만나야 한다

　화성 송산그린시티에서 임장할 때의 일입니다. 송산그린시티를 공부하기 위해 한 달쯤 매일 출근했습니다. 그리고 지리와 위치 감각을 익히기 위해서 새솔동과 국제 테마파크가 들어오는 곳, 그리고 184만 평 산업단지가 들어오는 인근을 집중적으로 탐문했습니다. 그러다가 현지인을 만나봐야겠다는 생각으로 현지 공인중개 사무소에 들렀습니다. 음료수 한 박스를 들고 찾아가서 인사를 드렸습니다. 그냥 가는 것보다 뭐라도 들고 가면 문전박대 당하지는 않습니다. 그리고 현지에서 오랫동안 운영 중인 공인중개 사무소에 가면 그 지역의 개발 스토리를 들을 수 있어서 좋습니다.

　송산에 표 이사라는 분이 있습니다. 이분은 원주민 중의 원주민입니다. 입담도 좋고 부동산 지식도 상당해서 돌아가는 부동산 현황을 꿰고 있는 분입니다. 원하는 지역에 원하는 물건을 구해달라고 하면 일주일도 안 되어 만들어 옵니다. 이런 분들은 부동산 투자 사업을 하는 데 꼭 필요한 인물입니다.

권리분석을 하다 보면 개발이 되는 특정 지역의 특정 위치에 있는 땅이 꼭 필요할 때가 있습니다. 외지인들은 할 수 없는 작업을 원주민인 표 이사님은 쉽게 처리합니다. 이장님과도 친하고 마을에 영향력을 끼치는 분들과 친분이 있는 사람이기에 땅을 알아봐 주는 일에서는 타의 추종을 불허하는 사람입니다. 딱 한 가지, 그 땅의 미래가치를 알아보지 못한다는 단점이 있습니다. 아마도 이것까지 알아버린다면 저에게 땅을 구해주지 않고 공인중개 사무소에 모두 팔아 치웠을 것입니다.

현지인들은 미래가치가 있는 땅을 높게 보지 못합니다. 실제 개발이 진행되는 지역이지만 개발되었을 때 일어나는 현상을 경험해보지 않아 지가 상승에 대한 데이터가 전혀 없고, 그렇기에 땅값이 매년 올라가도 현지인들은 추격매수를 할 수가 없습니다. 과거에 그 땅이 얼마에 거래되었는지 알고 있는 이상 현지인들은 개발되는 속도에 따른 가격의 상승을 인정하지 못합니다. 그래서 현지인들이 현지에 있는 땅을 살 수 없고 모두 외지인들의 손에 넘어가게 됩니다. 외지인 투자자들은 이미 투자를 많이 해보았기에 개발이 되는 지역의 땅값이 어느 정도까지 올라갈 것인지 이미 예상하고 있어 대범하게 계약할 수 있는 것입니다.

현지인 표 이사님을 통해 소개받은 땅 이야기를 해보겠습니다.

경기도 화성시 마도면 송정리 소재지 위치　　　　　　　　출처 : 카카오맵

　이 땅은 표 이사님이 사려고 했던 땅인데, 1,000평 정도의 면적에 총금액이 9억 원이고, 평당 90만 원이었는데 얼마 전 10만 원이 올라서 평당 100만 원이 되었다고 합니다. 한 번에 1억 원이나 올라 기분이 나빠 자신은 사지 않겠다면서 제게 소개해주었습니다. 큰 기대를 하지 않고 봤는데 아주 좋은 위치였습니다. 1년 안에 2배는 충분히 오를 수 있는 위치였습니다.

　4차산업혁명지원지구 산업단지 근교에 위치한 땅이고, 6m 도로가 확보되어 현재는 생산관리지이지만 계획관리로 용도지역이 상향될 수 있는 조건이 되는 곳이라 입지로 보면 최상이었습니다.

　"표 이사님, 이 땅 제가 살게요. 저에게 넘기시지요. 대신 용돈은 두둑이 챙겨드릴게요."

　같은 땅을 보고도 완전히 다르게 평가하는 것이 토지를 보는 눈이고 실력입니다. 표 이사님은 좋은 땅이기는 한데 갑자기 평당 10만 원을 올려서 판다고 하니 1억 원이 오른 상황이라 부담이 더 크게 느껴지신 것이고, 저는 1억 원이 올랐어도 향후 훨씬 더 많이 오를 수 있는 땅이라는 생각에 오른 1억 원이 아깝지 않았습니다. 주변에 매매된 기록들을 모두 찾아보니 평당 150만 원 이상 팔려나간 이력이 존재했습니다. 평당 100만 원도 아주 저렴한 땅이었습니다. 이런 것은 시장에 나오면 분명히 서로 가져갈 땅이라는 확신이 섰습니다. 곧바로 계약을 하고 등기했습니다. 등기 후 1년이 지나면 팔려고 했는데, 때마침 이곳에 1,000평 정도의 땅을 찾는 사람이 있어서 바로 매매할 수 있었습니다.

그렇게 10억 원에 사서 3개월 후, 21억 원에 팔게 되었습니다. 3개월 만에 무려 11억 원의 차익을 본 것입니다. 은행에서 5억 원을 대출해 매수했기에 실제 투자금은 5억 원으로, 220%의 말도 안 되는 수익률을 기록했습니다.

현지인들은 가격이 오르는 것에 굉장히 민감해합니다. 장기적으로 보면 결국 개발지 주변은 모두 오르게 되어 있는데, 과거의 거래 가격을 알고 있는 이상 과거에 사로잡혀 현재의 상승 가격을 인정하지 못하는 단점이 있습니다. 결국 현지인들이나 현지에서 운영하는 공인중개 사무소 사장님들은 중개해서 팔려고만 하지, 자신들이 직접 땅을 사서 팔지는 못하고 있습니다.

투자자들이 땅을 구하러 갈 때 현지에 가서 답사도 하고 다양한 임장활동을 해보지만 뾰족한 수가 없는 것은 그 지역을 간파할 수 있는 '키맨'을 찾지 못해서입니다. 그러다 보니 일반적인 공인중개 사무소에서 나와 있는 평범한 물건만 보게 되고, 좋은 땅은 이미 공인중개 사무소에서 먼저 매수해서 되팔고 있는 상황이 됩니다.

땅을 사기 위해 그 지역에 가서 단 한 번만에 좋은 땅을 산다는 것은 기적과도 같습니다. 사실 그렇게 좋은 땅이 나오면 공인중개 사무소가 제일 먼저 삽니다. 그다음으로 좋은 땅이 나오면 중개사분의 친인척이나 아주 가까운 지인에게 먼저 권합니다. 그러고 난 뒤 일반 투자자들에게 물건들이 돌아갑니다. 정말 좋은 땅을 찾으려면 수시로 공인중개 사무소에 들러서 인사하고, 원주민들을 소개받아 친하게 지내며, 그 마을의 키맨을 찾아서 식사 대접도 하는 노력이 반드시 필요합니다. 몇백만 원짜리 물건을 살 때도 엄청난 고민을 하고 이것저것 비교해보고 사는데, 하물며 수억 원 하는 땅을 사면서 이런 노력 없이 산다는 것은 말이 안 됩니다.

또한, 공인중개 사무소에서 권하는 땅을 무조건 믿고만 살 수도 없습니다. 공인중개 사무소는 중개의 목적이 있기에 대부분 물건이 나오면 좋다고 이야기합니다. 안 좋다고 하면서 팔 수는 없기 때문입니다. 그렇기에 진짜 좋은 땅을 사기 위해서는 원주민을 사귀어놓는 지혜가 필요합니다.

저희 농장 앞에 살고 계시는 할머니 한 분이 계십니다. 이분께 "할머니, 주변에 땅 나오면 꼭 말씀 좀 해주세요. 성사되면 용돈을 두둑이 드릴게요"라고 말씀드려놓았더니 수시로 찾아와서 동네 누가 땅을 팔려고 한다는 정보를 주기도 하고, 한 달에 한 번 있는 마을회의에 다녀오시면 마을 돌아가는 이야기를 해주시며, 누가 땅을 내놓기라도 하면 금세 달려와 이야기해주십니다.

이처럼 영향력이 있는 현지인을 만나는 것도 축복입니다. 이런 분들과 잘 사귀어놓으면 토지 투자에서 확실한 내 편이 되어주는 고마운 사람이 됩니다. 사놓은 땅에 농사를 짓는다든지, 개발할 때 동네 민원이 발생하더라도 현지인이 있으면 수월하게 넘어갈 수도 있습니다. 현지인들과 잘 사귀어 현명한 투자자가 되시기를 바랍니다.

매도 사례
무허가 주택은 이렇게 해결한다(안성시 방축리)

2021년 무더위가 시작되는 초여름, 안성 보개면 일대는 용인 SK 하이닉스 반도체 공장이 세워진다는 이슈로 토지 투자하는 사람들이 몰렸습니다. 용인 SK하이닉스가 세워지는 원삼면이 토지 거래허가지역으로 묶이면서 그 이슈가 바로 경계선에 붙어 있는 안성으로 돌아선 것입니다.

평소 친분이 있는 공인중개 사무소 이사장님으로부터 한 통의 전화가 왔습니다.

"김 대표님, 양성면 방축리에 무허가 주택이 딸려 있는 토지가 하나 나왔습니다. 계획관리지역이면서 마을에 있는 물건인데, 향후 방축산업단지 26만 평 계획이 곧 발표될 분위기입니다. 현재 SK 관계자들이 매주 와서 마을 사람들과 대화를 나누고, 지장물 조사를 하고 있습니다."

주변 시세를 조사해보니 평당 80만 원 이상을 족히 받을 수 있

소재지	경기도 안성시 양성면 방축리(267평)
매입 가격	1억 2,015만 원/평당 45만 원
매도 가격	2억 5,000만 원/평당 약 94만 원
매도 기간	5개월
수익률	93%
결과	5개월 만에 실투자금 1억 2,015만 원으로 세전수익 1억 2,985만 원 수익

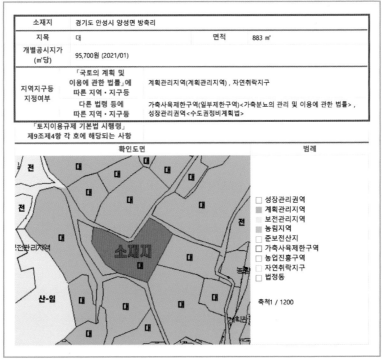

경기도 안성시 양성면 방축리(267평)   출처 : 토지이음

는 지역이었습니다. 차를 타고 곧장 안성으로 달려갔습니다. 물건
지에 도착해보니 전형적인 시골 마을이고 산업단지가 만들어진
다는 곳으로부터 150m 정도 떨어진 곳이었습니다. 지적도상에서

는 대지로 되어 있는데 현황상 전으로 사용하고 있었고, 무허가 주택이 버젓이 자리 잡고 있었습니다.

조심스레 문 안쪽을 들여다보고 있는데 옆집에 사시는 할아버지가 의심스러운 눈으로 물어보십니다.

"여기는 무슨 일로….."

"아, 이곳에 방축산업단지가 들어온다는 소식이 있어서 구경 삼아 왔습니다. 할아버지, 혹시 이곳에 SK하이닉스 관계자들이 와서 지장물 조사를 하고 있다는데 정말인가요?"

여전히 의심의 눈초리를 보이시면서 할아버지가 말씀하셨습니다.

"그런 것 같기는 한데 확정된 건 아무것도 없어요. 소문만 무성하지, 조심해야 될 거요."

벌써 소문이 나서 외지인들이 찾아온 모양입니다. 그렇게 호의적이지 않은 눈빛과 말투가 이를 짐작하게 만듭니다.

동네를 한 바퀴 둘러보고 소개해준 공인중개 사무소로 찾아가 계약조건을 다시 확인했더니 다음과 같은 세 가지 요건이 있었습니다.

첫째, 무허가 주택이 있어서 대출은 안 된다.
둘째, 무허가 주택 주인을 찾을 수가 없고, 연락처도 모른다. 그래서 그냥 무허가 주택은 토지를 사는 사람이 알아서 처리해야 한다.
셋째, 마을 사람들에게 알려지지 않도록 해주기를 바란다.

땅이 싼 이유가 있었습니다. 매력은 있지만 무허가 주택을 처리하려면 명도를 해야 하고, 멸실 처리까지 해야 하기에 가격은 매력이 있었지만 부담스러운 특약사항으로 거래가 힘들었던 것 같았습니다.

"이 물건, 제가 매입하도록 하겠습니다. 지금 1,000만 원 가계약금 넣고 가겠습니다."

시원스러운 계약에 공인중개 사무소도 만족하는 눈치였습니다.

사실 현장에 직접 가보지 않고서 전화상으로 지번을 소개받았을 때 이미 권리분석이 다 끝난 상태였고, 마음속으로는 이미 오늘 계약하겠다는 생각을 하고 온 것이었습니다. 계약할 땅의 위치, 지목, 주변 땅의 거래 시세, 토목을 통한 건축 가능 여부, 위성사진, SK하이닉스 투자 정보 같은 중요한 내용까지 파악했습니다. 또한, 안성시청 공무원과의 통화에서 이미 방축산업단지는 계획이 잡혀 있고, SK 관계자들이 지역 이장단들과 협의하고 있으며, 지장물 조사 때문에 여러 번 방문하고 있다는 사실을 파악했습니다. 여기에서 망설이면 이런 좋은 땅은 곧 다른 사람 손에 넘어간다는 사실을 너무도 잘 알기에 주저하지 않고 가계약금을 입금시켰습니다.

무허가 주택의 점유자는 마을을 수소문하면 찾을 수 있겠다는 확신이 있어 별문제가 되지 않았습니다. 무허가 주택은 멸실할 때 지붕을 유심히 보아야 합니다. 지붕이 슬레이트 지붕으로 되어 있으면 멸실 시 비용이 꽤 많이 들어갑니다. 슬레이트 지붕은 발암물질이 있어 하얀 방진복을 입은 사람들이 출장을 와서 특수폐기물로 처리해야 하기에 비용이 1,000만 원 이상 들어가기도 합니다. 저는 토지를 사면서 세 번 슬레이트 지붕을 처리해본 경험이 있어서 멸실 시에는 꼭 지붕부터 확인하는 습관이 있습니다. 생각지도 않았던 폐기물로 인해 비용이 생각 이상으로 발생되면 그만큼 수익률에서 손해를 보고 또 다른 사람에게 팔기도 어렵기 때문입니다.

다행히 이곳에 있는 무허가 주택은 슬레이트 지붕이 아니고 면적도 조그마해서 멸실하는 데 비용도 적게 들고, 시골이기에 마을 사람들에게 물어보면 점유자를 찾을 수 있을 것 같았습니다. 그렇게 2021년 6월 17일에 등기를 마쳤습니다. 등기 후 다시 마을을 찾았습니다. 이제는 당당하게 마을에 가서 매수한 땅을 둘러보고 문이 잠겨 있는 무허가 주택을 돌아보며 주변 산업단지가 들어온다는 곳까지 임장을 다니고 있는데 지난번에 왔을 때 만났던 할아버지를 만났습니다.

"지난번에 오신 양반 아닌가…?"

"아, 네. 맞습니다. 여기 무허가 주택이 있는 이 땅을 제가 계약을 했습니다. 그래서 오늘 다시 돌아보러 왔습니다."

할아버지는 깜짝 놀라시며 물었습니다.

"아니, 이 땅을 사셨다고…?"

"네, 며칠 전에 이미 등기까지 했습니다."

할아버지는 실망한 표정으로 이야기하셨습니다.

"사실 이 땅은 내가 살고 있는 집과 붙어 있어서 내가 살려고 했는데 안 판다고 해서 사지 못했는데 이걸 팔았네. 기왕이면 마을 사람인 나에게 먼저 이야기하지, 왜 그랬을까? 한데 얼마에 사셨소?"

"평당 45만 원에 샀습니다."

"잘 사셨네. 안 그래도 이 집 보러 온 사람들이 요즘 많아졌지만, 무허가 주택이라 모두 포기했는데 젊은 양반이 잘 사셨네 그려."

그리고 이이서 말씀하셨습니다.

"부탁이 있는데 이곳 주인이 서울에 있어서 지금까지 내가 농사를 짓고 있었는데 그대로 농사를 짓게 해주시오."

어차피 지목이 대지라 현황으로 농사를 지어도 무리가 없기에 집을 제외한 나머지 땅에 할아버지가 농사를 지을 수 있도록 배려해드렸습니다. 그리고 주변 상황에 대해 자세히 여쭈어보니 그제야 환한 미소로 할아버지는 자세히 말씀해주셨습니다.

현재 안성시에서 찾아오고, SK하이닉스에서도 찾아와서 마을 이장들과 이야기 중이기에 이곳에 산업단지가 들어오는 것은 확실하다고 하셨습니다. 그리고 현재 무허가 주택에 사는 사람은 평일에는 안 오시고 주말이면 가끔 한 번씩 들른다며 연락처를 가르쳐주셨습니다.

시골 마을에 임장을 다닐 때 정장을 입고 다니면 친근함이 떨어져 마을 사람들이 색안경을 끼고 보기도 합니다. 그래서 저는 시골 임장을 다닐 때는 청바지에 티셔츠를 입고 다닙니다. 그리고 마을 사람들에게 드릴 음료수를 차에 챙겨 다닙니다. 이런 배려가 시골에 사시는 분들에게는 엄청난 효과가 있습니다. 지나가다가도 박카스를 그 자리에서 따서 드리면서 "어르신, 이곳에 전원주택 지을 만한 땅이 있을까요? 서울에서 살다가 곧 퇴직 예정이라 공기 좋은 곳에서 살고 싶어서 둘러보고 있습니다"라고 말씀드려야 합니다. 투자할 땅을 찾는다고 하면 절대로 좋게 보지 않습니다.

이렇게 상대가 친근감을 느낄 수 있는 화법으로 다가가고, 얼굴을 익히고 난 후에 투자할 땅에 대해 문의하며, 혹시 주변에 팔려고 하는 좋은 땅이 나오면 꼭 연락해주시고, 잘 성사되면 수고비

점유권 명도 이행 확약서

부동산의 표시: 안성시 양성면 방축리 [　　　]

위 표시 부동산에서 점유 중인 본인(이하 '각서인')은 점유와 건물에 관한
이익을 포기하고, 점유권을 조건 없이 소유자에게 명도해 주기로 한다.

다만, 점유권 명도 일정은 소유자와 합의한 아래 일정에 따르기로 한다.

- 아　래 -

제1조 본 각서인은 2022.06.30 까지 위 표시 부동산을 사용하기로 한다.

제2조 본 각서인은 2022.6.30이후에 토지소유자가 명도를 요구하면 요구한 날로 부터
180일 이내에 위 표시 부동산을 소유자에게 명도하기로 한다.

제3조 본 각서인이 위 1조,2조를 어길시 소유자가 무단으로 본 물건지를 철거하여도
어떠한 민,형사상 이의를 제기치 않으며 그에 따르는 비용도 각서인이
지불하기로 한다.

제4조 소유자는 위 1조,2조 사항을 각서인이 원만히 이행을 하면 각서인으로 부터
토지사용료등을 청구 하지 않고 위 기간동안 편히 사용하도록 협조한다.

제5조 단 위 1조에 기재한 기간안에 소유자가 명도를 원할경우 소유자는 각서인에게
이사비조로 금오백만원을 지급하고 각서인은 통보받은 날로부터 60일 이내에
명도해 주기로 한다(단 이사비는 명도일날 지급한다.)

2021. 10. 08

각서인(점유자)		소유자	
성명	[　　]	법인명 (주)[　　]	[인]
주민번호	[　　]	법인번호	[　　]
전화번호	[　　]	전화번호	[　　]

경기도 안성시 양성면 방축리 토지 명도 이행 확약서

는 꼭 챙겨드리겠다는 말씀을 드리고 오면 종종 계약이 되곤 합
니다.

　다음 날, 동네 할아버지에게 받은 무허가 주택 점유자께 연락해
서 전화해보니 의외로 온순하신 분이셨습니다. 덤프트럭 기사라
토요일에 시간이 되니 용인에서 만나자고 해서 토요일에 일정을

잡았습니다. 만나기 전 명도 확약서를 작성 후 최대한 배려해서 기분 좋게 마무리하기 위해 문구 하나하나 정성 들여 작성 후 점유자를 만났습니다. 점유자는 30년 전부터 거기에 살았고, 그 땅 주인분의 배려로 무허가로 집을 짓고 살았다고 하시면서 내년까지만 살게 해주면 조건 없이 나가겠다고 이야기해 원만히 해결을 볼 수 있었습니다.

많은 사람들이 이 땅을 보고 갔지만 산업단지에 대한 정확한 정보를 확인하지 못했다는 점에 더해 무허가 주택이라는 걸림돌로 매수하지 못했습니다. 경매와 마찬가지로 땅에도 어려운 땅이 있습니다. 금액이 많은 근저당이나 유치권, 가압류가 잡혀 있는 땅이 가끔 나오기도 합니다. 이런 땅은 급매로 나오는 경우가 많기에 권리분석을 할 줄 알면 아주 좋은 수익을 거둘 수 있는 기회의 땅입니다.

2021년 6월 17일에 매수한 땅은 2021년 11월 27일, 정확하게 5개월 만에 2배가 넘는 금액으로 매도할 수 있었습니다.

이처럼 정확한 정보와 문제를 해결할 수 있는 능력이 남들 10년 동안 벌 수 있는 연봉을 단 1년 만에도 벌 수 있게 합니다. 또한 평생 써도 남을 정도의 연봉을 부동산 투자를 통해 얻고, 성공할 수 있습니다. 내가 하지 못한다고 남들도 하지 못하는 것은 아닙니다. 또한 내가 할 수 있다고 남들 또한 할 수 있는 것도 아닙니다. 단지 기회가 주어지지 않았을 뿐입니다. 그 기회가 주어진다면 누구든 가능한 일이기에 분명히 스스로 찾아온 기회들을 놓치는 실수를 절대 하지 않길 바라며, 그 기회의 주인공이 반드시 당신이 되길 바랍니다.

PART

8

꼭 알아야 할
토지 투자 상식
이야기

현황도로의 가치

임장을 다니다 보면 개발이 되지 않은 면 단위 시골에는 현황도로가 의외로 많습니다. 땅을 보러 갔는데 포장된 길이 있다고 해서 그 길이 무조건 도로라고 생각해서는 안 됩니다. 현황도로일 수도 있고, 사도일 수도 있기에 공도가 아닌 이상 소유권이 누구에게 있는지 꼭 확인해봐야 합니다.

현황도로란 지적도상에 도로로 표기되어 있지 않지만, 마을 주민들이 오랫동안 통행로로 이용하고 있는 사실상의 도로라고 생각하면 됩니다. 사실상 현황도로에 같이 붙어 있는 땅이 현황도로의 주인이라고 보면 정확합니다. 현황도로는 생각 이상으로 많은 것을 확인해봐야 합니다. 간혹 지자체별로 현황도로를 가지고 건축허가를 내주는 경우도 있지만 이를 믿고 토지를 매수하면 안 됩니다. 현황도로인 경우에는 반드시 지자체 허가 담당자에게 확인 후 진행해야 합니다.

실제로 제가 매매했던 땅을 예를 들어봅니다. 2020년 9월 15일, 경기도 화성시 송산면 삼존리에 매입한 땅입니다. 이 땅은 입지 분석상 위치가 너무 좋았습니다. 도시지역 자연녹지이고, 건폐율 20%, 용적률 100%, 651평으로 지목은 과수원으로 되어 있고 도로가 없는 땅이지만, 실제 마을이 있고 마을 현황도로로 사용하고 있는 상태입니다. 지리적인 위치는 송산그린시티 남측지구 184만 평 4차산업혁명지원지구 산업단지와 거의 접경되어 있고, 평택-시흥 간 고속도로가 지나가며, 송산 마도IC에서 직선거리 600m 떨어진 최적의 장소였습니다. 주변 시세는 평당 120만 원가량이었고 이 주변에 대해 관심을 갖고 지켜보던 중 이 주변 땅을 보지 않겠냐는 문의가 왔습니다.

"대표님, 혹시 삼존리 땅 한번 보실래요? 도로는 없는데 현황도로로 되어 있고 주변이 아직 개발되지 않은 곳인데 나쁘지 않을 것 같아서요."

"아, 그래요? 그럼 지번을 보내줘보세요."

현황도로

큰 기대를 하지 않고 있었는데 연락 온 지번을 확인해보며 함박 웃음을 감출 수가 없었습니다.

"이거 혹시 평단가가 얼마예요?"

"평당 70만 원이라고 하네요. 지주가 84세라 연세도 많으셔서 급매로 내놓으신 것 같습니다."

그 땅에 제 마음은 이미 꽂혔습니다. 평당 100만 원 정도 하는 땅만 나오면 삼존리 땅은 무조건 매수하려고 마음먹고 있었는데 그것도 평당 70만 원이라니, 바로 삼존리로 임장을 가서 확인해보니 역시 아주 훌륭한 땅이었습니다. 향후 산업단지가 개발되면 이곳은 평당 몇백만 원은 넘어갈 것이라 확신했습니다.

고속도로 IC와 가깝고 산업단지와 거의 붙어 있는 이 땅은 4차 산업혁명지원지구 산업단지라는 이름으로 대한민국에서 가장 크게 만들어지는 산업단지 중 한 곳이었기에 기대는 충분했습니다. 특히 산업단지에서 빠져나오는 길은 대부분 고속도로 아래쪽을 파서 지하 차도(일명 '토끼굴')를 만드는데, 이곳은 고속도로 위를 지나가는 단 하나의 길이 있었습니다. 바로 지금 매수하려고 하는 땅 옆으로 나오는 길이었습니다.

땅은 매입할 때는 순발력 있게 계약금을 바로 입금해야 할 때도 있지만, 아직 송산에 있는 공인중개 사무소에서 송산 토지에 대해서 가치를 너무 낮게 보고 있었기에 충분한 시간을 끌어도 될 것 같았습니다. 지금이야 송산그린시티는 전국에서 지가가 가장 많이 올랐다고 신문에 날 정도지만, 2020년에는 불이 붙기 전이었기에 좋은 가격에 매수할 기회가 많았습니다.

"이사님, 이거 물건을 좀 고민해봐야 할 것 같습니다"라고 말을 하자 이사님은 "그럼 지주 전화번호를 드릴 테니 대표님이 전화해보시고 가격 조정을 하실 수 있으면 하시고, 아니면 그냥 굳이 매입하지 않으셔도 됩니다. 제가 봐도 도로가 없어서 팔기 어려운 땅입니다. 혹시 잘되시면 수수료 좀 챙겨주세요"하고 전화를 끊었습니다. 이사님을 통해 받은 지주 전화번호로 전화를 했습니다.

"안녕하세요? 심○○ 선생님 되시지요? 삼존리 땅 내놓으셔서 확인 후 전화드렸습니다. 매수할 의사가 있는데 조금만 더 깎아주시면 바로 계약할게요."

그러자 어르신께서 말씀하셨습니다.

"아, 그래요? 얼마나 깎아드려야 하나…?"

"평당 2만 원만 낮추어주셔서 평당 68만 원에 해주시면 바로 입금하겠습니다"라고 하자 "그래요? 그럼 계약합시다"라고 하셨습니다.

이렇게 해서 계약 일자를 잡았는데 알고 보니 이분이 송산에서 사시다가 서울로 이사 가셔서 시세를 전혀 알지 못했고, 주변 공인중개 사무소에서도 거래내역이 없어 적정 가격을 몰라 평당 70만 원에 내놓으신 것이라고 했습니다.

그런데 문제가 생겼습니다. 계약 당일에 지주의 사위가 같이 와 공인중개 사무소를 여기저기 다니며 주변 시세를 조사하고 온 것이었습니다. 평당 68만 원에 하기로 했는데, "주변에 보니 75만 원이면 충분히 팔 수 있다고 했다. 75만 원 아니면 절대 팔지 않고 그냥 돌아가겠다"라는 굳은 의지로 버티셨습니다. 갑자기 8만 원이 올라간 것입니다. 저도 이대로 물러설 수 없기에 논리적으로 설명해드렸습니다.

"저도 이 땅을 사기 위해 모든 일정을 비우고 왔고, 이미 전화에서 평당 68만 원에 계약하기로 하고 왔는데, 당일에 와서 이렇게 가격을 올리는 것은 예의에 맞지 않습니다. 저도 양보할 테니 73만 원에 하는 것으로 해주시지요. 아니면 저도 포기하고 바로 돌아가겠습니다" 하고 배수진을 쳤습니다.

사위는 한참을 고민하더니 "그렇게 합시다" 하셨고, 시원스레 계약도장을 받을 수 있었습니다.

이 땅은 현재 1년 6개월 만에 평당 200만 원 가까이 되었습니다. 이렇게 도로가 없지만 현황도로가 있는 땅은 가치가 숨겨져 있어 가격이 낮게 책정되어 나오기도 합니다. 용도지역상 도시지역 이외의 지역이나 면 단위 지역은 현황도로에도 건축물의 건축이 가능합니다. 반면 면 단위 이상 도시지역에서는 건축법상 도로를 갖추어야 개발이 가능합니다.

현황도로로 인정받기 위해서는 실제로 사람이나 농기계, 차량이 통행 중이고 이용 중이어야 하기에 만약 통행이 없다면 현황도로로 인정받지 못합니다. 현황도로는 포장상태에 따라서 문제가 되지는 않습니다. 일반적으로 현황도로라고 하면 비포장도로라고 생각할 수 있지만, 지주나 누군가에 의해 시멘트나 아스팔트로 포장되었다고 해도 현황도로 인정받을 수 있습니다.

포장도로를 지자체에서 실시한 것이라면 사용 승낙 없이 건축허가를 내주는 경우가 많이 있습니다. 그러나 개인이 포장한 경우라면 사용 승낙을 받아야 하고 지자체에 꼭 문의해보아야 합니다.

현황도로는 지적도에 표시가 되지 않는 특징이 있습니다. 2013년부터 도로관리대장이라는 것이 생기면서 모든 도로는 지자체에서 관리하지만, 현황도로는 지적도에 나오지 않기 때문에 관리자가 따로 있지 않습니다. 현황도로가 길게 되어 있다면 현황도로는 하나의 필지가 아닌 개개인의 필지가 여러 개로 연결되어 있는 경우가 많습니다. 휴대폰이 없을 때는 지적도를 발급해서 확인했지만, 요즘엔 휴대폰으로 현장에서 확인할 수도 있습니다. 간혹 지적도에서는 맹지인데 현장에 와서 확인해보면 현황도로로 사용하고 있는 것을 확인할 수 있습니다. 그래서 흔히 "현황도로는 있는데…"라는 말을 합니다. 즉 맹지이지만 현황도로가 있어서 맹지가 아닐 수도 있다고 말하는 것입니다. 토지이용계획원이나 지적도에 나오지 않기 때문에 이를 확인하기 위해서는 현장을 직접 방문하거나 카카오맵 로드뷰를 활용하면 현장에 가지 않고 현황도로를 확인할 수도 있습니다.

현황도로를 모르고 확인도 안 하게 되면, 자신의 땅이 지적도상 맹지로 알았는데 현황도로로 인해 건축이 가능한 땅이라는 것을 매도 후에 알게 되어 맹지값으로 팔았다고 땅을 치고 후회하게 될 수도 있기에 반드시 확인해야 합니다.

현황도로는 답, 전, 임야 등 다양한 지목으로 존재합니다. 그렇기에 현장에 가서 길이 있다고 해도 지목을 확인해봐야 합니다. 현황도로는 개인이 편리하게 이동하기 위해 만들었기에 보통 개인의 소유인 경우가 많지만, 구거나 하천이 현황도로에 있을 수 있기에 국가 소유도 있다는 것을 알아두어야 합니다. 개인의 소유일 경우 지적도를 확인해보고 도로 부분이 분할되어 있다면 현황도로라고 해도 지적상 도로이고, 공도이기 때문에 건축허가 받는데는 아무런 지장이 없습니다.

구거 -
배수로, 용수로

임장을 다니다 보면 흔히 구거를 볼 수가 있습니다. 구거는 하천보다 작은 개울입니다. 쉽게 말해서 도랑이라고 생각하면 됩니다. 정확하게 말하면, 구거는 도로나 하천의 부속시설로, 용수, 배수의 목적을 갖고 일정한 형태를 갖춘 인공적인 수로를 말하고, 폭이 좁고 적은 물이 흐르는 인공적인 작은 개울로서, 하천보다 규모가 작은 4~5m 폭의 개울을 뜻합니다.

구거를 통해 배수로를 확보해야 하고 개발행위허가를 받아야 하기에 구거는 꼭 잘 알아두어야 합니다. 보통 가공하지 않은 원형지 토지에 투자하다 보면 거의 주변에 구거가 있습니다. 구거를 통해서 맹지를 탈출하기도 합니다. 시골 땅을 살 때는 주변에 구거가 어디에 위치해 있는지 필수적으로 파악해야 합니다. 초보 투자자들이 실패하는 것이 도로에 붙어 있으면 건축이 가능하다고 오판하는 것입니다. 개발행위허가를 통해 건물이 준공되면 도로와 오수, 폐수, 우수가 빠져나가는 곳이 있어야 합니다. 화장실 변기 물도 빠져나가야 하고, 생활용수도 하수관을 통해서 어딘가로 빠져나가야 하는데, 그것이 배수로입니다. 그래서 배수로가 확보되지 않으면 개발행위허가가 나지 않습니다. 투자용 땅으로 매입했다가 영원히 배수로가 확보되지 않으면 맹지나 다를 바 없습니다. 하지만 지적도상에 구거나 배수로가 없어도 현황배수로가 있고, 현재 사용하고 있는 것을 인정받을 수 있다면 개발행위허가가 가능합니다.

건물을 지을 수 있도록 절토나 성토를 하고 개발행위허가 조건에 맞게 토지 모양을 바꾸는 일 모두를 토목공사라고 합니다. 이때 반드시 물이 빠져나가는 배수시설을 땅속에 묻어두고 배수관을 설치해서 이를 통해 빠져나가게 해야 합니다. 이렇게 건축물에서 빠져나간 오수는 정화조 시설이나 종말처리장에서 정화한 뒤 구거나 하천으로 빠지게 합니다.

농업진흥지역 같은 시골 땅은 배수로와 용수로가 구분되어 있습니다. 제가 운영하고 있는 사업장도 농업진흥지역 내 절대농지인데, 배수로와 용수로가 분명히 구분되어 있습니다.

저는 여기에 농가창고를 짓고 곤충학습장으로 운영하며 체험학습도 진행합니다. 농장 앞쪽으로는 용수로가 있고 뒤쪽으로는 배수로가 있습니다. 보통 시멘트로 포장되어 있기도 하고, 차나 농기계가 들어갈 수 있도록 3m 도로가 되어 있는 쪽으로 붙어 있는 물길이 있는데 이것이 용수로입니다. 토지 초보자 중 용수로를 배수로로 착각하시는 분들이 많습니다. 용수로는 하천, 저수지 등의 용수원으로부터 농경지까지 물을 끌어오는 수로를 말합니다. 이 용수로는 농사를 짓기 위해 직접 사용하는 물이기에 이곳을 배수

용수로

배수로

출처 : 수원뉴스

로로 사용하지는 않습니다. 지자체에서도 이런 용수로 쪽으로는 허가를 불허합니다. 지적도상 구거라고 표시되어 있는 수로도 용수로일 수 있기에 구거만 보고 무조건 배수로라고 판단해서는 절대 안 됩니다. 배수로로 인정받지 못하면 개발할 수 없기에 농사밖에 못 짓는 쓸모없는 땅이 되어버립니다. 꼭 토목사무실이나 지자체 담당자에게 확인 후 토지를 매입하셔야 합니다.

국유지
투자

토지 투자를 하다 보면 내가 사려고 하는 땅 앞에 국유지나 시유지, 구거 같은 토지들이 딱 버티고 있는 경우가 있습니다. 토지에 대해서 잘 모르시는 분들은 이것 때문에 맹지라고 착각하기도 합니다. 내 땅 앞에 있는 국유지, 시유지 또는 구거를 어떻게 점용하는지 또는 불하받는지에 대해 알아보겠습니다.

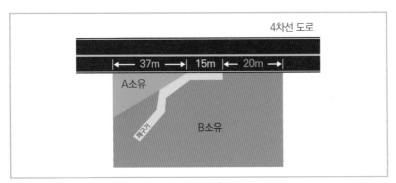

토지에 구거가 연접해 있는 경우

경기도 화성시 서신면 장외리 소재지 위치   출처 : 카카오맵

   내가 사려는 땅 주위에 정말 여러 가지의 환경과 조건들이 있는 것을 볼 수가 있습니다. 예를 들어, 내 땅이 도로를 접하지 않은 맹지인데 내 땅 앞을 국유지가 가로막고 있을 때, 즉 국유지 너머가 도로로 되어 있고, 이 국유지를 사용할 수 있다면 그 땅은 더 이상 맹지가 아니게 됩니다. 이 부분은 건축허가에도 큰 영향을 끼치는 문제입니다. 이럴 때 우리는 어떻게 국유지를 활용할 수 있을지 차근차근 알아보도록 하겠습니다.

   먼저 국유지란, 쉽게 말해 국가 소유의 땅을 말합니다. 토지등기부를 확인했을 때 소유자란에 '국'이라고 적혀 있는 곳이 국유지인데 두 가지로 분류할 수 있습니다. 첫 번째는 행정자산으로, 행정 목적에 사용되는 국유재산을 말합니다. 여기서도 몇 가지가 있는데 국가가 직접 사무용·사업용 또는 공무원의 주거용으로 사용하는 재산을 공용이라고 하고 청사, 공무원 주거건물, 학교 등이 있습니다. 그리고 도로, 하천 등 국가가 공공용으로 사용하는 재산인 공공용, 정부기업이 사무용·사업용 또는 직원 주거용으로 사용하는 재산인 기업용, 법령이나 그 밖의 필요에 따라 국가가 보존하는 재산인 보존용으로 나뉘게 됩니다.

이러한 행정재산을 제외한 국유재산은 일반재산입니다. 이 일반재산은 개인이 매입할 수 있는 조건이 됩니다. 보존, 활용할 필요가 없어 이용가치가 없거나 내가 소유한 토지와 바로 인접해 있고, 적절한 매수 용의가 있을 경우에는 일반재산으로 분류되는 국유지를 매수할 수 있습니다. 국유지 확인은 토지등기부를 통해서도 간단하게 확인할 수 있지만 '씨:리얼', 'e나라재산' 사이트를 통해서도 확인이 가능합니다.

국유재산의 처리 과정을 보자면 먼저 국유지 사용을 허가받는 방법이 있습니다. 행정재산은 사용허가를, 일반재산은 대부허가를 받습니다. 국유지는 무단점유되는 경우가 많은데 이에 대한 벌금, 즉 변상금이 부과되기 때문에 무단으로 사용하는 것은 조심하셔야 합니다. 만약 내 토지와 인접한 국유지를 이미 사용하는 사람이 있다면 먼저 계약된 그 기간까지는 동의를 받아야 하고, 기간 중이라 하더라도 점용허가를 받은 사람과 합의되면 사용허가 또는 매각을 할 수 있습니다.

또한 이 국유지를 직접 매수하는 방법도 있습니다. 매수 방법은 토지 주소지의 시군구 재무과, 회계과, 한국자산관리공사 국유재산본부 중에 연락해서 매수 신청하면 되는데, 보통 한국자산관리공사에 가서 신청하면 됩니다. 이때 담당자와 상담한 뒤 신청을 받고 현장을 확인하는 과정을 거칩니다. 다음으로 매각심의위원회에서는 국유재산종합계획을 세우고 이를 수립한 다음, 승인이 이루어지게 되면 감정평가를 통해 전체적인 가격을 책정해 진행합니다. 이때 정확한 가격 책정을 위해서는 최소 법인 두 곳에서 감정평가를 받게 됩니다. 가격 결정 이후에는 수의계약 또는 경쟁을 통해 입찰하고 매매계약을 체결합니다.

저도 토지를 매수하면서 한가운데로 관통하는 폐구거가 있었는데, 폐구거 주변 토지가 제가 사려고 하는 땅에 모두 접해 있었기에 수의계약을 통해서 저렴하게 산 경험이 있습니다.

이렇게 국가나 공공단체에서 행정적인 목적으로 사용이 끝났거나 불필요하게 된 경우, 국민에게 토지나 건물 등의 재산을 팔아넘기는 것을 '불하'라고 합니다. 이 불하를 잘 이용할 경우 현재 시세보다 훨씬 싸게 계약할 수 있고, 개발행위를 할 때 불편한 부분이 생기면 점용허가보다는 전체를 불하받아 내가 사용하려는 목적에 맞게 개발하면 훨씬 유익할 수 있습니다.

일 처리를 잘못해서 불하 신청을 했는데 입찰을 해야 하는 경우, 함께 붙어 있는 옆집과 경쟁하게 될 수도 있습니다. 나와 내 이웃의 땅이 나라 땅과 같이 붙어 있다면, 그 상대방도 국유지가 탐이 나 더불어 입찰할 수 있고, 그렇게 되면 경쟁이 되기에 낮은 가격으로 낙찰받기가 어려울 수도 있습니다. 그리고 그동안 아무 문제 없이 나라 땅을 내 땅처럼 사용하다가 불하 신청 후 내가 불하받지 못하고 불하받은 다른 분에게 넘겨주어야 하는 불상사가 생기기에 조심, 또 조심해서 잘 알아보고 국유지 입찰을 해야 합니다.

국유지가 내 땅의 아주 중요한 곳에 물려 있는데 이곳을 다른 사람에게 내줄 경우 내 땅 모양이 우습게 될 수 있기에 신중하게 결정하고 처리해야 할 것입니다. 그리고 계약을 체결하면 매매 대금의 10%를 계약금으로 납부한 후 60일 이내 잔금을 완납해야만 소유권 이전이 진행되는데, 국유지 매입이 예전에는 좀 더 수월하게 가능했는데 요즘은 조건이 까다로워졌습니다. 그렇기에 자신이 국유지의 사용허가를 받고 있다면 그 땅을 그냥 두는 것이 아니라 농사를 짓는 등 활용해서 자신이 국유지를 계속적으로 사용해왔다는 증거를 남기는 것이 중요합니다. 자신이 장기간 농사를 지으며 사용해왔음을 입증하면 매입이 조금 더 수월해질 수 있습니다. 이런 방식으로 사용허가, 또는 매입을 통해 국유지를 활용할 수 있게 되었다면 충분히 국유지를 통해 자신의 땅을 도로와 연결해 맹지가 아닌 건축허가를 받을 수 있는 땅으로 그 가치를 상승시킬 수 있습니다.

4차선 도로에 붙어 있는 땅이나 2차선 교행 도로에 붙어 있는 국유지는 점용허가를 받거나 개발행위 하기에 큰 문제가 없어 땅값이 상당히 비싸지만, 3~4m 도로 안쪽에 붙어 있는 도로에도 구거나 시유지, 국유지가 있기에 잘 활용하면 맹지를 탈출하는 좋은 기회가 되기도 합니다. 이런 고급기술을 활용하면 맹지를 탈출할 수 있는 절호의 기회가 될 수 있습니다.

개발부담금

　토지 투자를 하는 사람이라면 반드시 숙지해야 할 사항이 개발부담금입니다. 개발부담금은 땅을 잘 아는 고수도 어렵다고 하는 항목이지만, 정확하게 이해하고 나면 토지 투자를 하거나 개발할 때 많은 도움이 됩니다.

　토지를 매입하다 보면 매우 마음에 드는 땅이 있습니다. 사서 아무것도 개발하지 않고 팔려고 했는데 입지조건이 너무 좋아 사놓은 땅 앞에 도로가 개설되는 등의 경우 땅으로 팔기가 아까워 개발을 하게 될 수도 있습니다. 이럴 때 토지를 개발해서 매매할 경우, 개발부담금이 발생할 수 있는데, 지가 상승분의 무려 25%가 부과되기에 꼭 알아두어야 합니다.

　개발부담금으로 인한 분쟁이 심심찮게 나오는 이유는 개발부담금에 대한 이해도가 낮기 때문입니다. 예를 들어, 전원주택지를 사고 집을 짓고 나면 갑자기 개발부담금을 내라는 고지서가 나오기도 합니다. 땅을 산 것뿐인데 개발부담금을 내라고 하니 건축주로서는 황당할 수밖에 없는 것입니다. 또한 금액이 수천만 원에 이른다면 당황할 수밖에 없겠지요. 이런 사례가 계속 발생하는 이유는 개발부담금의 부과 기준을 정확하게 알고 있는 사람이 많지 않기 때문입니다. 심지어 토목을 하시는 분들도 모르는 경우가 많습니다. 실제로 개발부담금을 잘 몰라 필요 이상의 엄청난 개발부담금을 물기도 합니다.

그럼 개발부담금이란 무엇인지 자세히 알아보도록 하겠습니다.

개발부담금이란?

개발이익 환수에 관한 법률에 따라 토지 개발로 발생하는 개발이익을 환수하고 적정하게 배분해 토지에 대한 투기를 방지함으로써 토지의 효율적인 이용촉진을 도모하기 위해서 각종 개발사업으로 생긴 이익을 부담금으로 징수하는 제도입니다. 쉽게 말해서 농지를 샀는데 농지에 농지전용부담금을 내고 허가를 내서 대지로 만들 경우, 대지로 바뀐 농지는 공시지가가 상승합니다. 그 공시지가 차액의 25%를 개발부담금으로 부과합니다. 그렇다고 면적에 상관없이 무조건 부과하는 것이 아니고 지역에 따라 일정 면적에는 개발부담금을 면제해 주기도 합니다.

대상 면적
· 특별시, 광역시 또는 특별자치시의 지역 중 도시지역 : 660㎡ 이상(200평)
· 기타 도시지역 : 990㎡ 이상(300평)
· 비도시지역 : 1,650㎡ 이상(500평)
    − 도시지역 : 주거지역, 상업지역, 공업지역, 녹지지역
    − 비도시지역 : 관리지역, 농림지역, 자연환경보전지역
※ 대상 사업 면적 산정은 동일인(배우자 및 직계 존·비속 포함)이 5년 이내에 연접 시행한 사업 면적을 합산해서 부과 대상 면적으로 산정
    − 개발부담금 = 개발이익 × 25%
    − 개발이익 = 종료시점지가 − (개시시점지가+개발비용+정상지가 상승분)

개발부담금에 대해 꼭 알고 있어야 할 주의할 점

- 개발부담금을 면탈, 감경할 목적으로 허위계약을 체결할 경우 3년 이하의 징역 또는 개발부담금의 3배 이하의 벌금
- 개발비용산출명세서(개발비용신고서)를 준공일로부터 40일 이내에 제출하지 아니하거나 허위로 제출할 경우 200만 원 이하의 과태료 처분
- 동일인(배우자 및 직계존비속 포함)이 연접한 토지에 하나의 개발사업이 종료된 후 5년 이내에 개발사업의 인가 등을 받아 사실상 분할하여 시행하는 경우에는 각 사업의 대상 토지 면적을 합한 토지에 하나의 개발사업이 시행된 것으로 본다.
- 동일인인 사람들이 동일 필지를 각각 부과 대상 규모 이하로 사실상 분할해서 시행한 후 소유권 이전을 하는 경우에는 연접한 토지에 동일한 개발사업을 시행한 것으로 본다.
- 동일인이 연접한 토지에 둘 이상의 개발사업을 각각 다른 시기에 인가 등을 받아 사실상 분할하여 시행하는 경우에는 그 사업지구의 면적을 합하여 모두 개발부담금 부과 대상으로 하며, 먼저 착수한 사업지구가 이미 완료되었다 하더라도 모두 합산하여 개발부담금을 부과한다.

그럼 이러한 개발부담금을 부과하는 기준은 무엇일까요?

보통 특별광역시는 평수로 따지면 200평 이하, 도시지역은 300평 이하, 도시지역 이외의 지역은 500평 이하면 개발부담금을 면제해줍니다. 보통 사람들이 이렇게 알고 있습니다. 여기까지는 아무 문제가 없는데, 땅을 매입할 때 보면 원형지라는 것이 있습니다. 전원주택도 처음 몇천 평에서 분할해서 150평, 200평으로 나누었기에 개발부담금이 나오는 것입니다. 완전히 독립된 필지에서 떨어져 나온 허가받지 않는 땅이라면 아무 문제가 없지만, 대부분의 문제는 원형지에서 허가를 받고 분할한 땅에서 발생됩니다.

개발부담금의 부과 기준은 허가 기준입니다. 허가 전에 매입한

땅이면 면적 기준에 부합할 경우 개발부담금이 면제이고, 큰 땅을 매입 후 허가 후 필지를 분할한 것이면 면적을 부과 기준 이하로 분할했더라도 부과되는 것이 개발부담금입니다.

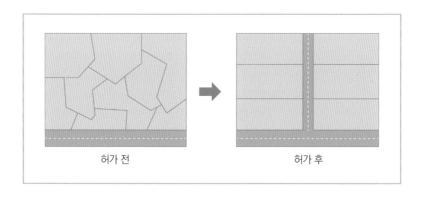

허가 전   허가 후

　전원주택 같은 땅을 매입 시 토목공사까지 해놓았습니다. 그리고 토목공사 해놓은 땅을 팝니다. 이런 상황이면 거의 개발부담금이 100% 나온다고 봐야 합니다. 왜냐하면 토목공사를 해놓았다는 것은 이미 허가를 내놓은 상태에서 매매하기에 결국 전원주택지를 사고 난 후 건축하고 준공을 완료하면 공사 허가를 낸 사람에게 개발부담금을 부과시킵니다. 그래서 전원주택지를 살 때 개발부담금이 나오는지 꼭 확인해야 하고, 개발부담금이 나온다고 한다면 처음 토지를 분양하는 사람이 개발부담금을 내야 하는지, 아니면 분양받아 건축한 사람이 내야 하는지에 대한 부분을 특약사항에 잘 기록해놓아야 분쟁이 없습니다. 이 경우, 건축을 한 사람이 개발부담금을 내야 합니다. 분양하는 사람이 허가를 받았다 하더라도 수분양자가 허가권을 수분양자로 변경해서 가져와야 하기 때문입니다.

다시 한번 말씀드리지만, 개발부담금은 땅을 잘 아는 고수도 어렵다고 하는 항목이기는 하나, 정확하게 이해하고 나면 토지 투자나 개발 시 많은 도움이 된다는 사실을 꼭 기억하길 바랍니다.

맹지도 권리가 있다 -
주위토지통행권

우리나라 법에서 모든 맹지는 '주위토지통행권'이라는 권리가 있습니다. 이른바 맹지라 해도 토지 주인은 자신의 토지까지 걸어가야 하는데 남의 땅을 밟고 지나갈 수밖에 없을 경우, 그 토지를 밟고 지나갈 수 있게 해주는 권리가 바로 주위토지통행권입니다.

자신이 소유하고 있는 땅에 농사를 지으려면 농기구나 농기계가 진입해야 하고, 또한 농사를 짓는 인부들도 진입해야 하는데 내 땅 주변이 모두 타인의 땅일 때, 그 사람들이 자신의 소유권을 주장하고 자신의 땅으로는 통행을 못 하게 한다면 그 땅은 농사도 짓기 어려운 땅이 될 수 있습니다. 이것을 방지하고자 주위토지통행권이 있습니다.

사실 2m 이상 도로에 접하지 못하면 건축법상 건축이 불가하기에 토지를 가지고 있어도 아무것도 할 수 없는 상황이 됩니다. 이럴 때 자신의 토지 주변을 둘러싼 토지의 소유자들과 소통해서

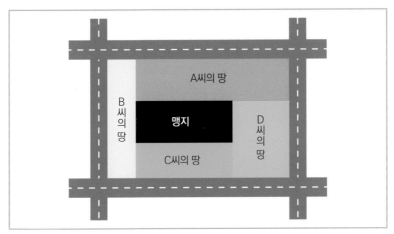

맹지의 모습

해당 토지로 진입할 수 있는 통행로를 확보하면 아무 문제가 없지만, 보통 주변 토지의 소유자들은 승낙을 해주지 않기에 대부분 소송으로 가기도 해서 시간도 오래 걸리고 지치기도 합니다.

주위토지통행권의 성립요건

1. 들어가는 길의 폭이 2m 이하
2. 진입로 개설 시 토지주들과 소통해야 하고 무단으로 개설 시 분쟁이 발생하고 손해배상청구를 당할 가능성이 존재
3. 적정한 사용료 지불
4. 토지의 손실이 가장 적은 가장자리 안쪽으로 진입로를 개설하고 모든 비용은 사용자가 부담

길이 없는 맹지를 사게 되면 원칙적으로 개발행위를 할 수 없습니다. 맹지에는 건축허가가 나오지 않기 때문입니다. 건축허가가 나서 사람이 살고 있는데, 도로로 사용하던 토지의 소유권자가 시비를 걸어 분쟁이 생기는 경우에는 건축물 소유자는 공로로 나가

기 위한 통행로가 필요합니다. 이때 민법에서는 예외적으로 주위 토지통행권을 인정하고 있습니다. 주택이나 건물에 수도나 도시가스 등을 설치하기 위해서는 시설공사를 해야 하는데, 그러한 시설공사가 다른 사람이 소유한 토지를 이용하지 않고서는 불가능한 경우가 있습니다. 이때 민법에서는 시설할 수 있는 방법을 규정하고 있습니다.

주위토지통행권은 토지 소유권으로부터 나오는 권리가 아닌, 구체적인 상황에서 민법에 의해 통행권이 인정되는 요건과 사실을 입증할 수 있어야 법원에서 인정해주는 권리입니다. 이웃 사람이 통행하지 못하게 막는 경우에는 부득이 법원에 소송해야 합니다. 더군다나 상대방에게 손해가 가장 적은 장소와 방법을 선택해야 하기 때문에 지적측량도 해야 하고, 재판부에서 현장검증을 할 필요도 있습니다. 맹지를 소유하고 있는 사람은 토지 이용과 관련해서 주위토지통행권과 시설확인권 등에 관한 민법 규정이 있다는 것을 알아둘 필요가 있습니다.

민법 제219조 제1항은, '어느 토지와 공로 사이에 그 토지의 용도에 필요한 통로가 없는 경우, 그 토지 소유자는 주위의 토지를 통행 또는 통로로 하지 아니하면 공로에 출입할 수 없거나 과다한 비용을 요하는 때에는 그 주위의 토지를 통행할 수 있고, 필요한 경우에는 통로를 개설할 수 있다. 그러나 이로 인한 손해가 가장 적은 장소와 방법을 선택하여야 한다'라고 규정함으로써 주위토지통행권을 명문으로 인정하고 있습니다.

또한, 제2항에서는 '전항의 통행권자는 통행지 소유자의 손해를 보상하여야 한다'라고 하고 있습니다.

주위토지통행권 승소 판례 사례

2013년 3월 21일, 경북 청도군에 있는 밭 797㎡의 소유권을 취득한 A씨는 이 토지와 인접한 572㎡의 밭을 소유하고 이곳에서 농사를 짓고 있는 B씨를 상대로 농사를 위한 출입에 필요하다며 주위토지통행권이 있음을 확인하라는 소송 (2020가단17273)을 냈다.

A씨의 토지는 B씨 토지를 비롯해 다른 사람 소유의 토지로 둘러싸여 있어 타인 소유의 토지를 통하지 않으면 많은 사람과 차가 다니는 공로로 출입할 수 없다. B씨 토지 남동쪽 끝부분은 공로인 도로에 접해 있는데, A씨는 B씨 소유 토지를 통해야만 공로로 출입할 수 있으나, A씨 토지와 B씨 토지 경계에는 B씨가 철조망을 설치한 상태다. 원고의 토지는 농지로, 농사를 위한 출입이 필요한데, 원고 스스로도 사람이 통행할 정도인 폭 1m의 통로에 대해서만 주위토지통행권 확인을 구하고 있다.

대구지법 박효선 판사는 9월 16일 "원고 토지는 타인 소유 토지에 둘러싸인 맹지에 해당하여 원고는 위 토지를 위하여 민법 제219조 제1항에 의한 주위토지통행권을 갖는다고 할 것"이라며, "원고에게 피고 토지(공로와 접한) 중 8㎡에 대한 주위토지통행권이 있음을 확인한다"라고 원고 승소 판결을 했다.

기획 부동산 회사를 조심하자

아침 6시 30분. 새벽까지 일해서 늦잠을 잘 생각으로 이불 속에 있는데 전화벨이 울렸습니다. '곧 끊어지겠지' 하는 생각으로 전화를 받지 않고 있는데 계속 전화벨이 울려 목소리를 가다듬고 전화를 받았습니다.

"여보세요?"

수화기 너머로 들려오는 목소리는 70대 정도의 어르신 목소리였습니다.

"선생님, 제가 강남에서 교육을 받고 땅을 하나 샀는데 너무 불안해서 이렇게 아침 일찍 전화를 드리게 되었습니다. 염치 불고하고 너무 간절한 마음으로 전화를 드렸으니 용서하시고 제가 산 땅이 어떤지 알아봐주시길 부탁드립니다."

아침 일찍 전화했다는 것만으로도 너무 화가 났지만, 그분의 간절한 목소리에 감정을 자제하고 어디 지역을 매입했는지 주소를 불러달라고 했습니다. 다행히 제가 아주 잘 알고 있는 지역이었습니다. 경기도 화성시 남양읍 시리 ○○번지. 네이버 지도로 바로 검색해서 알아보니 이곳은 그린벨트 땅이었습니다. 그리고 그린벨트 중에서도 용도지역이 절대농지 땅이라 개발하기 매우 어려운 땅이었습니다.

"선생님, 이 땅을 얼마에 사셨나요?"

"300만 원이요."

"네? 그렇게 싼 땅이 있어요?"

거꾸로 물었습니다.

"아니, 평당 300만 원에 샀다고요."

맙소사! 평당 30만 원도 안 되는 그린벨트 농지를 평당 300만 원에 샀다는 말에 기가 찼습니다. 말문이 막혀서 어떻게 설명해드려야 할지 한참 망설인 후에 다시 물어보았습니다.

"이곳이 어떤 땅인지 혹시 아세요?"

그리고 왜 이곳을 샀는지, 파는 사람은 무슨 이야기를 하면서 팔았는지 물어보았습니다. 어르신께서는 "강남에 토지 교육을 하는 곳이 있는데 매일 교육만 받으면 그날 7만 원씩 준다고 해서 사게 되었습니다"라고 했습니다. 친구 따라 강남에 교육받으러 갔다가 유명하신 강사분의 "화성에 송산그린시티가 개발되는데 그곳에서 서해선 복선전철 송산역이 생기고, 송산역 앞에 있는 땅을 사놓으면 10배 이상 오른다"라는 말에 땅 한 필지에 30명이 넘는 사람들이 평당 300만 원의 땅을 샀다는 이야기입니다. 그러면서 "실제 그곳에 송산역이 생기나요? 생기면 얼마나 오를 수 있는지요?"라고 물어보시는 것입니다.

이럴 때 제가 어떻게 대답을 해야 할까요? 정직하게 이야기하면 분명 어르신은 큰 실망과 함께 좌절할 것이고 푼푼이 아껴둔 돈을 투자했기에 아마도 화병으로 몸져누울 수 있는 상황이라 진실을 함부로 이야기할 수도 없습니다. 저는 조심스럽게 이야기를 시작했습니다.

"선생님, 앞으로 더 이상은 이곳에 투자하시면 안 됩니다. 이곳은 개발제한구역, 쉽게 말씀드리면 그린벨트이고 송산역이 들어오는 곳은 맞지만, 실제 개발이 어렵고, 개발된다고 하더라도 개발제한구역 해제 후 도시 개발을 하기 위해서는 수용으로 들어갈 수도 있기에 이런 곳을 평당 300만 원에 산 것은 엄청나게 비싸게 산 것입니다."

강남에 있는 기획 부동산 회사들의 수법은 대동소이합니다. 잘 차려놓은 번듯한 사무실에서 교육합니다. 케이블TV 방송에 나오는 사람들을 동원해서 일단 안심을 시킵니다. 무슨 무슨 박사, 공인중개사, 토지 전문가 하는 사람들이 나와서 신문이나 방송에서 소개한 지역의 땅을 설명합니다. 기획 부동산 회사는 절대로 호재가 없는 지역은 안 합니다. 방송에서 현재 이슈가 되는 지역을 타깃으로 합니다. 그런데 중요한 것은 그런 이슈가 있는 지역의 좋은 땅들은 엄청 비싸기 때문에 보통 개발이 되기 힘든 임야나 개발제한구역 내 그린벨트 같은 땅을 평당 10~30만 원 정도에 사서 10배 이상 차익을 실현하면서 지역의 호재에 실어서 부린이들에게 파는 것입니다.

작게 분할 후 팔기도 하는데, 요즘은 관청에서 여러 개의 분할을 제한하기 때문에 공동지분으로 매각을 하기도 합니다. 땅 한 필지에 수십 명 이상 들어가 있는 것도 이런 이유입니다.

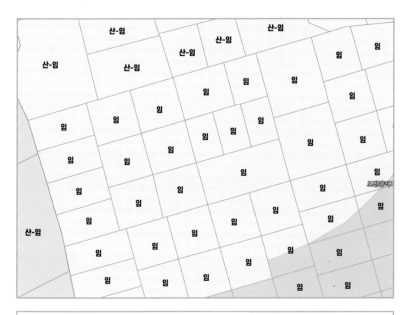

소재지	경기도 화성시 송산면 독지리		
지목	임야	면적	890 ㎡
개별공시지가 (㎡당)	52,500원 (2021/01)		
지역지구등 지정여부	「국토의 계획 및 이용에 관한 법률」에 따른 지역·지구등	보전관리지역	
	다른 법령 등에 따른 지역·지구등	가축사육제한구역(일부제한 모든축종 제한)<가축분뇨의 관리 및 이용에 관한 법률>, 성장관리권역<수도권정비계획법>	
	「토지이용규제 기본법 시행령」 제9조제4항 각 호에 해당되는 사항	토지거래계약에관한허가구역((2021-05-01)외국인등 및 국내 법인·단체의 주택이 포함되는 취득 거래로 한정)	

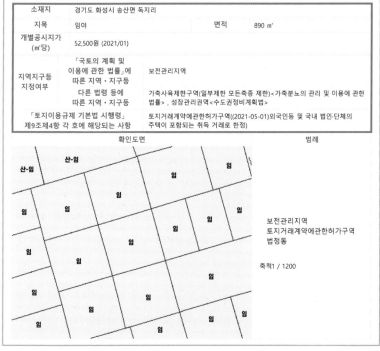

확인도면　　　　　　　　　　　　　　　　　범례

보전관리지역
토지거래계약에관한허가구역
법정동

축척1 / 1200

기획 부동산 회사에서 분할해놓은 땅 예시　　　　　　　　출처 : 토지이음 보통 일반인들은 이렇게 이야기합니다.

"바보가 아닌 이상 이런 땅을 누가 사지? 눈 감고 사도 이보다는 잘 사겠다."

하지만 실제로 강남에 가서 기획 부동산 회사 사람들의 이야기를 듣고 있다 보면 자신도 모르게 지갑에서 돈을 세고 있게 됩니다. 처음에는 긴장도 되고 의심이 들어서 들으려고 하지 않다가도 자꾸 듣게 되면 좋은 이야기들만 내 귀에 들리기 때문입니다. 그리고 강사님들이 믿음이 가는 목소리로 방송이나 뉴스를 인용하게 되면 더욱 확신이 들고, 현재 누구누구도 이 땅을 샀고 이제 남은 땅이 얼마 남지 않았다고 압박을 하면 지갑을 열게 되는 것이 이 바닥의 생리입니다.

기획 부동산 회사가 좋지 않다는 것은 누구나 알고 있습니다. 기획 부동산 회사의 행태에 대해서 이야기를 많이 들었지만 공신력 있는 자료와 호재가 있는 지역에 대해서 설명을 듣다 보면 '절대 당하지 않겠다'라는 마음의 방어벽을 해제시키게 됩니다. 예전 기획 부동산 회사의 특징은 이슈가 있는 지역의 임야를 사서 바둑판처럼 쪼개놓고 팔거나, 신도시 주변 농업진흥지역의 절대농지는 바둑판처럼 쪼갤 수가 없기에 수백 명의 공유지분으로 팔기도 했습니다.

기획 부동산 회사가 투자하는 지역은 옛날이나 지금이나 똑같습니다. 반드시 이슈가 있으며, 뉴스가 있고, 사람들의 입에 오르내리는 그런 지역을 중심으로 작업합니다. 그런데 요즘 기획 부동산 회사는 패턴이 약간 바뀌었습니다. 임야는 개발하기가 어렵다는 소문이 무성하고 또한 필지 분할을 관청에서 해주지 않기에 모양이 반듯하고 저렴한 절대농지 쪽으로 많이 선회하고 있습니다.

심지어 고덕국제신도시 접경에 위치한 절대농지들을 보면 제가 2015년에 샀을 때는 평당 37만 원이었는데 붙어 있는 절대농지가 2021년에 매매되어 등기부등본을 떼어보니 평당 350만 원 이상의 가격으로 팔려나갔습니다. 평택 고덕국제신도시 주변이나 평택 안중읍 주변 땅, 그리고 송산그린시티 개발제한지역 내 그린벨트 또한 조심해야 합니다. 적당한 가격은 괜찮지만 상식을 벗어난 토지는 아무리 좋은 이야기를 하더라도 정신을 차리고 한 번 더 생각해봐야 합니다. 그리고 의심이 들면 주변 사람에게 물어보고 주변 사람도 잘 모르면 인근 공인중개 사무소의 공인중개사에게 물어보면 정확한 답이 나올 것입니다.

기획 부동산 회사의 또 하나의 특징은 토지의 크기가 크지 않다는 것입니다. 큰 평수도 간혹 있지만 보통 3평, 5평, 10평, 이렇게 평수를 작게 쪼개서 매매합니다. 1구좌에 몇백만 원이니 3구좌, 또는 5구좌, 10구좌 정도 투자하라고 이야기합니다. 이런 곳은 100% 기획 부동산 회사이니 바로 나오시길 바랍니다. 더 이상 교육을 들을 필요도 없고 시간 낭비만 하는 것입니다. 3평, 5평짜리 땅에 무엇을 할 수 있을까요? 도심 속 빌딩의 땅은 5~10평으로도 뭔가를 할 수 있지만 개발되지 않은 시골 땅이 이렇게 작으면 아무것도 할 수 없습니다. 그렇기에 이런 형태의 땅을 권하는 곳이 있다면 더 이상 들을 필요가 없습니다.

앞서 기획 부동산 회사에 속아서 땅을 구매한 어르신의 경우는 제가 더 이상 도와드릴 방법이 없기에 아쉬운 마음으로 전화를 끊었습니다.

제가 처음 투자할 때 고민하게 되었던 것 중 하나가 바로 건물 투자였습니다. 건물을 사게 되면 대출이자뿐만이 아니라 화재보험, 공실, 건물의 노후화 같은 관리 비용이 너무 많이 들기 때문입니다. 반면 토지 투자를 하게 되면 이런 것들을 전혀 걱정할 필요가 없습니다.

땅과 건물을 비교해 토지 투자의 좋은 점은 다음과 같습니다.

첫째, 건물은 등기를 하면 반드시 화재보험을 들어야 하지만 땅은 평생 화재보험을 들지 않아도 됩니다.

고가의 건물에 화재라도 나면 모든 재산이 물거품이 될 수 있기에 고가의 그림이나 문화재, 각종 작품을 보험에 들어놓는 이유가 이 때문입니다. 반면 토지는 화재보험을 들 이유가 없습니다. 토지 위에 건축물이 없기에 실상 화재가 나더라도 손실을 입을 것이 없으므로 화재로부터 자유롭습니다. 그리고 토지는 일시적인 훼

건물

토지

손이 가능해도 영원히 훼손시킬 수 없는 것이기에 고려시대부터 조선시대, 그리고 현재까지 땅은 그대로 유지되고 있는 것입니다.

둘째, 건물은 시간이 지날수록 노후화되기 때문에 건물가격이 내려갈 수밖에 없습니다. 하지만 개발지 주변의 땅은 시간이 지날수록 개발 압력으로 인해 가격이 몇 배가 상승하기도 합니다.

아파트는 30년이 지나면 잔존가치가 10% 내외인 경우가 대부분입니다. 30년이 지났어도 계속해서 올랐다면 이것은 건물이 오른 것이 아니라 땅값이 오른 것입니다. 30년이 지난 아파트에 재건축을 하게 되어 아파트를 멸실하더라도 땅값은 그 이상의 값을 유지하는 이유입니다. 이처럼 건물은 시간이 지나면 가치가 떨어지는 감가상각의 대상이지만, 토지는 물리적인 감가상각의 대상에서 제외됩니다.

셋째, 건물은 계속적으로 생산되지만 토지는 더 이상 생산되지 않습니다.

좋은 입지의 토지 위에 건물이 만들어진다고 가정할 때 건물은 언제든지 멸실을 해서 다시 짓고 수요에 따라 또 다른 건축물이 만들어지고 지상 1층이었던 것이 지상 30층까지 올라갈 수도 있기에 공급이 늘어나면 수요자가 줄어들고 건물값이 떨어집니다. 반면 그 위치에 고정되어 있는 토지는 계속 생성되지 않기에 공급은 고정되어 있는데 수요가 많아지면 땅값은 계속 올라갈 수밖에 없습니다. 평범했던 토지가 지구 단위 도시개발로 인해 상업지역 토지가 되면, 평당 수십만 원에서 평당 수천만 원이 될 수 있는 이유입니다. 그래서 자산가들은 안전자산인 금과 토지를 선호합니다. 시간이 지나면 지날수록 개발지역 땅은 계속 주변이 변하고 상권이 만들어지는 과정 속에서 한번 매입해놓으면 아무것도 하지 않아도 땅값은 천정부지로 올라갑니다.

넷째, 건물은 한번 지으면 변형이 어렵지만 토지는 자유자재로 변형시킬 수 있습니다.

만약 어떤 사람이 땅 100평에 10평짜리 건물을 지었다고 가정할 때, 너무 작은 건축물로 인해 목적에 맞게 사용할 수가 없다면 다시 허물고 지어야 하는 불편함이 있지만, 토지는 면적 때문에 고민할 필요가 없습니다. 너무 커서 팔기가 어려우면 잘라서 팔 수 있고, 너무 작은 면적 때문에 팔기가 어려우면 옆 땅과 합쳐서 팔 수도 있기에 토지 사용 목적에 따라 자유롭게 분필과 합필을 할 수 있습니다.

다섯째, 건물은 한번 건축하고 나면 그 용도대로 사용해야 하지만, 토지는 용도지역에 따라 여러 가지 용도로 사용할 수 있습니다. 주택을 지어 주거지로 이용할 수도 있고, 상가를 지어서 상업지로 이용할 수도 있으며, 공장 창고를 지어 제조업으로 이용할 수도 있습니다. 이렇게 처음 땅을 사놓고 시간이 지나다 보면 내가 산 땅 주변의 여러 가지 개발 이슈로 도시지역 자연녹지가 주거지역이 되기도 하고, 주거지역이 준주거나 상업용지로 바뀌는 것을 어렵지 않게 볼 수 있습니다. 토지 투자의 가장 하이라이트는 사실 용도지역의 상향이라고 볼 수 있습니다. 용도지역이 상향되면 몇 배에서 몇십 배까지 올라가게 됩니다.

많은 사람들이 토지 투자는 너무 어렵다고 생각합니다. 그것은 초등학교 때 사칙연산을 배웠다고 해서 미분, 적분을 보여준다면 너무 어렵다고 생각하는 원리와 같습니다. 하지만 공식을 외우고 공부해서 풀어보면 그다음에는 어떤 문제가 와도 어렵지 않습니다. 땅도 마찬가지입니다. 땅에 대한 공식을 암기하지 않고 땅에 투자하려고 하니 얼마나 어려울까요? 땅에 대한 공식을 외우고 풀이과정을 배워야 토지 투자가 쉬워집니다. 1층에서 10층까지 올라가야 한다면 반드시 1층, 2층, 3층을 밟고 올라가야 10층까지 올라갈 수 있습니다. 한 층, 한 층의 과정을 밟아야만 10층까지 올라갈 수 있는데 5층까지 올라갔다가 지겹다고 바로 10층까지 점프할 수는 없습니다. 그 욕심이 화를 부르는 것입니다.

초보 투자자들은 주로 아파트에 투자하지만 저는 제가 살 집 한 채를 분양받아본 적 빼고는 절대 아파트에 투자하지 않습니다. 제가 아파트에 투자하지 않는 이유는 단 한 가지입니다. 수익률이 그렇게 높지 않기 때문입니다. 시간도 많이 걸리고 양도소득세도 많이 내며 정책이나 외부영향에 많이 흔들리다 보니 수시로 공급과 수요를 체크해야 하는 어려움이 있습니다. 토지는 사고 난 뒤 공급과 수요를 체크해본 적이 단 한 번도 없습니다. 토지는 개발 호재가 있는 그 위치에 언제나 우뚝 서 있기에 늘 안정감을 주고 주변이 개발되면 될수록 계속 웃을 수 있습니다.

여섯째, 건물은 부동산 경기의 영향을 많이 받지만, 토지는 거의 받지 않습니다.

아파트나 상가는 주변 상권이나 입지 여건에 따라 그리고 수요와 공급의 영향에 따라 등락이 왔다 갔다 합니다. 상황에 따라 천국과 지옥을 경험해야 하기에 늘 가슴 졸이며 지켜봐야 하지만, 토지는 경기가 좋지 않아 소폭으로 떨어지더라도 기다리는 사람이 대부분이기에 경기가 회복되고 투자 열기가 오르면 제일 먼저 오르는 것이 개발지 주변 토지입니다. 그래서 토지는 떨어질 때는 조금 떨어지고 오를 때는 많이 오릅니다. 개발지 인근 토지는 정부에서 공식적으로 공시지가를 계속 올려주기도 합니다.

지금까지 살펴본 것처럼 확실히 배우기는 어렵지만 배우고 나면 토지처럼 안전하고 높은 수익을 거두는 것은 없습니다. 미적분 공식을 대입하는 과정을 배우지 않고 미적분을 푸는 것은 어렵지만, 그 공식을 배우고 나면 이처럼 또 쉬운 것이 있을까요? 토지도 이와 마찬가지입니다.

먼저 지금까지 인도하신 하나님께 감사를 드립니다. 많은 우여곡절이 있었지만, 주변에 능력 있는 사람들을 붙여주셔서 사업 진행이 형통할 수 있어서 감사드립니다.

바쁘다는 핑계로 책 쓰는 것을 주저하다 보니 계속 미뤄왔는데, 코로나에 감염되면서 혼자만의 시간을 가질 수 있어 그동안의 미루어놓았던 이야기들을 책으로 출간할 수 있게 되었습니다.

지금까지 다양한 직업군을 가지고 살아왔지만 정작 부자는 되지 못했습니다. 학습지 교사, 보험회사 세일즈, 휴대폰 판매점, 곤충 사업 등….

많은 사람들이 부자를 꿈꾸지만 잘되지 않습니다. 기회가 없었다고 이야기하는 사람도 있지만, 사실은 그렇지 않습니다. 기회를 만드는 것도 자신의 노력이 있어야 하고, 우연히 기회가 오더라도 선택은 자신의 몫이기에, 결국 기회는 자신의 결정에 좌우된다고 할 수 있습니다.

'성공하려면 독하게 살아야 한다.'
'명확한 목표를 가져야 한다.'
'잠자는 시간을 줄이면서 열심히 살아야 한다.'
'포기하지 말아야 한다.'

많은 성공자들이 이런 말을 합니다. 물론 당연한 이야기입니다만, 제가 사회에서 경험한 점은 이것보다 더 중요한 것이 있다는 것입니다. 그것은 바로, 성공은 누구를 만나느냐에 따라 결정이 난다는 것입니다. 사기 치는 사람을 만나서 어울리다 보면 사기 치는 기술을 배우게 되고, 공장 일을 배우면 공장 일을 하게 되며, 운동을 배우면 운동과 관련된 일을 하게 되고, 성공한 사업가를 만나면 성공할 확률이 높은 사업을 하게 되며, 성공한 투자자를 만나면 성공한 투자자가 되는 이치입니다. 제가 경험했던 다양한 직업군에서도 결과가 이미 나왔습니다. 학습지 교사를 할 때도, 보험회사에 다닐 때도, 휴대폰 매장을 운영할 때도, 곤충 농사를 지을 때도, 잘했고 성공했던 사람들을 만나게 되니 성공할 수밖에 없었습니다.

결혼할 때 300만 원으로 시작했지만 단 한 번도 물려받은 재산이 없다는 이유로 부모님을 원망해보지 않았습니다. 막내인 저는 제 위로 여섯 명의 형님, 누나 모두가 그렇게 살아왔기에 당연한 것으로 받아들였습니다. 가난하게 태어났다고 가난하게 산다는 법칙은 없습니다. 조선시대 때는 노비로 태어나면 노비로 살고 양반으로 태어나면 양반으로 살아가는 결정된 삶이었지만, 현재는 그렇지 않습니다. 어떤 것을 선택하고 누굴 선택하느냐에 따라서 당신의 인생을 새롭게 빚어갈 수 있는 것입니다.

부동산은 아주 예전부터 있었고, 지금도 있으며, 앞으로도 영원히 존재할 업종입니다. 과거에도 땅이 많은 사람은 부자로 살았으며, 지금도 그렇고, 앞으로도 그럴 것입니다. 전쟁도 결국 땅을 차지하려는 욕심에서부터 출발했고, 앞으로도 땅따먹기 전쟁은 지속될 것입니다. 모든 소산물은 땅에서 나오고 땅에서 수익이 창출되며 창출된 수익으로 땅에 건물을 짓게 되기에 땅은 계속 가치가 상승한다는 말입니다. 그렇기에 우리는 이런 가치 있는 것에 도전해볼 필요가 있는 것입니다.

대한민국에서 당신의 신분을 바꿀 수 있는 최고의 기회가 바로 부동산에서 출발한다는 사실을 잊지 마시기 바랍니다. 노동으로 아무리 많이 벌어도 결국 내가 병들고 지치면 그 노동의 수입도 끊어집니다. 반면, 부동산 투자는 황금알을 낳는 거위입니다. 특히 오르는 땅은 이미 정해져 있기에 국가에서 오르는 땅으로 결정해 놓은 땅을 잘 확인해서 내 것으로 만들기만 하면 됩니다.

글을 마치면서 부자를 꿈꾸는 모든 이들에게, 부자가 되려면 사업가가 되어야 하고, 그것보다 더 크게 부자가 되려면 부동산 투자자가 되라는 말씀을 드리고 싶습니다. 부동산 투자자가 되려면 이 분야에서 가장 성공한 사람들의 리스트를 작성 후 꼭 그분들을 찾아가서 만나고 이야기를 들어보시길 조언드립니다. 수단과 방법을 가리지 말고 무조건 만나셔야 합니다.

결국, 성공자가 성공자를 만들어내기에 부동산 투자에서 성공자를 찾아가서 배우면 좋은 결과를 얻을 수 있을 것입니다. 이러한 과정에서 당신의 인생도 바뀔 수가 있다는 것에 주목하시길 바랍니다.

오르는 땅은 이미 정해져 있다

제1판 1쇄 2022년 9월 23일
제1판 3쇄 2023년 3월 30일

지은이 김양구
펴낸이 최경선 **펴낸곳** 매경출판㈜
기획제작 ㈜두드림미디어
책임편집 우민정, 배성분 **디자인** 디자인 뜰채 apexmino@hanmail.net
마케팅 김성현, 한동우, 김지현

매경출판㈜
등 록 2003년 4월 24일(No. 2-3759)
주 소 (04557) 서울시 중구 충무로 2(필동 1가) 매일경제 별관 2층 매경출판㈜
홈페이지 www.mkbook.co.kr
전 화 02)333-3577
이메일 dodreamedia@naver.com(원고 투고 및 출판 관련 문의)
인쇄·제본 ㈜M-print 031)8071-0961
ISBN 979-11-6484-450-0 (03320)

부동산 도서 목록

㈜두드림미디어 카페(https://cafe.naver.com/dodreamedia)
Tel : 02-333-3577 E-mail : dodreamedia@naver.com